本书由大连市人民政府资助出版

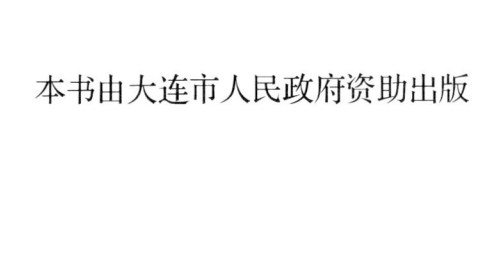

企业非效率投资行为研究

金玉娜 著

中国社会科学出版社

图书在版编目（CIP）数据

企业非效率投资行为研究/金玉娜著. —北京：中国社会科学出版社，2019.4
ISBN 978 – 7 – 5203 – 2545 – 5

Ⅰ.①企… Ⅱ.①金… Ⅲ.①企业—投资行为—研究—中国 Ⅳ.①F279.23

中国版本图书馆 CIP 数据核字（2018）第 100946 号

出 版 人	赵剑英
责任编辑	卢小生
责任校对	周晓东
责任印制	王　超
出　　版	中国社会科学出版社
社　　址	北京鼓楼西大街甲 158 号
邮　　编	100720
网　　址	http://www.csspw.cn
发 行 部	010 – 84083685
门 市 部	010 – 84029450
经　　销	新华书店及其他书店
印　　刷	北京明恒达印务有限公司
装　　订	廊坊市广阳区广增装订厂
版　　次	2019 年 4 月第 1 版
印　　次	2019 年 4 月第 1 次印刷
开　　本	710×1000　1/16
印　　张	12.5
插　　页	2
字　　数	186 千字
定　　价	60.00 元

凡购买中国社会科学出版社图书，如有质量问题请与本社营销中心联系调换
电话：010 – 84083683
版权所有　侵权必究

前　言

投资是拉动经济增长的动力，其效率的高低直接关系企业的成败，高效率的投资将使企业在激烈的竞争中立于不败之地。遗憾的是，现实世界中由于诸多因素的影响，非效率投资问题广泛存在。管理者可能将企业资源投资于净现值（NPV）小于0的项目，发生过度投资；也可能在企业拥有闲置资源的情况下，仍然放弃净现值（NPV）大于0的项目，发生投资不足。非效率投资（过度投资、投资不足）使企业偏离企业价值最大化的目标，影响企业的生存与长期发展，如何有效地抑制非效率投资是学术界广泛关注的热点问题。

按照非效率投资产生的不同内在机理，非效率投资可以划分为体制性非效率投资和技术性非效率投资两大类。非效率投资产生的内在机理不同，解决方法可能会存在较大差异，但已有研究都忽略了两者的差异，未能对非效率投资内在机理上的显著差别进行深入分析。本书从非效率投资产生的不同内在机理出发，以便科学地探求抑制非效率投资更为有效的机制和途径。

公司治理和内部控制作为备受关注的两大机制，能否有效地抑制非效率投资，是一个兼具理论价值、实践意义和政策意蕴的重要话题。公司治理可以缓解公司的代理问题，提高体制性、高层次的决策效率；内部控制可以增强企业经营效率和效果，提高技术性问题的实施效率。公司治理和内部控制在抑制非效率投资中的作用机理是否相同，迄今为止，尚没有明确的答案。鲜有文献研究内部控制能否提高投资效率，仅见的少量文献也存在较大的分歧。因此，公司治理和内部控制能否有效地抑制非效率投资，对体制性非效率投资和技术性非效率投资的抑制作用是否存在差异，是理论界和实务界亟待解决的问题。

另外，公司治理和内部控制既相互联系，作用又各有侧重，对两者关系的认识向来就有较大的分歧。学术研究中，存在混淆和模糊两者的概念与边界，对两者的关系及作用认识不清等问题，相关的经验证据极其缺乏。本书希望能够通过分析两者在抑制非效率投资中的作用差异，厘清公司治理和内部控制的关系，为后续研究积累经验证据。

基于以上考虑，本书的研究旨在丰富非效率投资影响因素的认识，验证公司治理和内部控制对不同类型非效率投资的作用机理，梳理公司治理与内部控制之间的关系，进而检验公司治理和内部控制在抑制非效率投资中可能存在的分工效应。本书在系统地梳理国内外相关研究成果的基础上，采用规范研究和实证分析相结合的方法，以我国深沪两市上市公司为研究对象，从公司治理和内部控制的视角对如何有效地抑制非效率投资行为进行全面而深入的研究。全书由六章组成。

第一章阐述非效率投资理论内涵、非效率投资分类、非效率投资治理途径和非效率投资研究的必要性。

第二章对非效率投资的相关理论进行梳理。运用投资理论、委托—代理理论和信息不对称理论对非效率投资行为进行深入分析，为寻求抑制非效率投资的有效途径奠定理论基础。

第三章借鉴已有研究，采用实证研究方法对我国上市公司非效率投资水平进行计量，在此基础上，从总体情况、动态变化、行业分布和地区分布对总体非效率投资、体制性非效率投资和技术性非效率投资的现状进行分析，为实证研究奠定现实背景基础。

第四章按照公司治理构成要素对其进行分类，检验公司治理中的监督机制和激励机制对非效率投资的抑制作用；除从整体上对上述关系进行研究外，还对公司治理与体制性非效率投资和技术性非效率投资的关系进行深入分析和研究。

第五章在选取较为有效的内部控制度量方式基础上，对内部控制和非效率投资的关系进行检验；除从整体上对上述关系进行研究外，还对内部控制与体制性非效率投资和技术性非效率投资的关系是否存在差异进行检验。

第六章在理论分析的基础上，对公司治理和内部控制的关系进行检验。发现公司治理和内部控制的内在关联性，有必要将其纳入同一研究框架中，分析对公司非效率投资的影响。因此，本书将两者纳入同一研究框架中，研究公司治理和内部控制对非效率投资的抑制作用；除从整体上对上述关系进行研究外，还对公司治理、内部控制与体制性非效率投资、技术性非效率投资的关系展开进一步的深入研究。

本书以我国上市公司非效率投资为研究内容，主要在以下三方面弥补了既有研究的不足：

第一，已有关于非效率投资的研究尚未对其形成机理进行深入分析。本书在深入分析非效率投资形成的内在机理的基础上，区分体制性非效率投资和技术性非效率投资，依据两类非效率投资产生的不同内在机理，寻求相应的解决机制。

第二，将公司治理和内部控制纳入同一实证研究框架中，研究它们对非效率投资的抑制作用，厘清了公司治理和内部控制之间的关系，检验公司治理和内部控制是两种不同的机制，抑制非效率投资中具有分工效应。

第三，在选取更为有效的内部控制度量方法的基础上，研究内部控制能否有效地抑制公司的非效率投资，为有效地解决相关模糊认识和学术分歧提供经验证据。

关于非效率投资影响因素的研究，国内外已经取得了较为丰富的成果。本书围绕"企业非效率投资行为"这个主题，对公司治理、内部控制对非效率投资的影响展开理论和实证两方面的研究，对提高公司投资决策效率、投资者权益保护、完善相关法律法规具有重要的指导和借鉴作用。具体得到以下主要研究结论：

（1）我国上市公司确实存在非效率投资。从公司数量来看，我国上市公司中发生投资不足的公司大于过度投资的公司；从非效率投资的程度来看，过度投资的程度高于投资不足的程度。我国上市公司投资不足呈现出逐年递减的趋势，过度投资在此期间出现较大波动，但总体呈现出递减的趋势。从行业来看，过度投资水平较高的行业为传播和文化产业，电力、煤气及水的生产和供应业，交通运输和仓储业，社会服务业，造纸和印刷业；投资不足主要集中在电力、煤气及水的生产和供应业，交通运输和仓储业，采掘业，社会服务业，传播和文化产业。从地区分布来看，西北地区的过度投资问题较严重，东北地区的投资不足问题较严重。

（2）在对相关理论进行深入分析的基础上，按照非效率投资形成的内在机理将其划分为体制性非效率投资和技术性非效率投资。体制性非效率投资最为严重的行业为采掘业、传播和文化产业；技术性非效率投资最为严重的行业为交通运输和仓储业，电力、煤气及水的生产和供应业。体制性非效率投资最为严重的地区为西北地区；技术性非效率投资最为严重的地区为西北地区和东北地区。

（3）对公司治理按照其构成要素划分为监督机制和激励机制，研究公司治理对非效率投资的影响，发现公司治理中的监督机制和激励机制能够抑制公司的非效率投资。考虑聚类现象、截断偏误、投资机会度量方法、相对公司治理水平和内生性的影响，对研究进行稳健性检验，结论基本一致。近年来，我国公司治理的改进和完善取得了一定的成效，能够较为有效地抑制非效率投资行为。

（4）在对内部控制质量进一步有效度量的基础上，研究发现，内部控制能够抑制公司的非效率投资。长期以来，内部控制质量的度量一直都是相关研究难以克服的关键技术难题，采用经过控制目标实现调整后的内部控制信息披露情况作为内部控制质量的度量方法，并使用我国上市公司经验数据对内部控制度量方式进行检验，发现内部控制度量方式具有较高的效度和信度，能够很好地反映公司内部控制质量。研究结果表明，内部控制与非效率投资（过度投资和投资不足）的回归系数显著为负，内部控制能够显著地抑制公司的非效率投资。

（5）分析公司治理和内部控制关系的基础上，将公司治理和内部控制纳入同一个研究框架中，研究其对非效率投资抑制作用，研究发现，公司治理能够显著地抑制体制性非效率投资，内部控制能够显著地抑制技术性非效率投资，选用多种方法进行稳健性检验，结论基本一致，研究结论具有较强的稳健性。公司治理和内部控制在抑制上市公司的非效率投资时存在分工效应。研究为寻求抑制非效率投资的有效途径提供了理论支持和经验证据。另外，公司治理和内部控制的关系一直是学术界争论的焦点问题，对两者关系的认识素来就存在较大的分歧，相关的经验证据极其缺乏。通过理论分析和实证检验发现，公司治理中的监督机制和内部控制的回归系数显著为正；激励机制和内部控制的回归系数不显著，表明有效的监督机制对内部控制具有正向的促进作用，激励机制和内部控制不存在显著的关联性。

本书主要读者对象是上市公司高管人员、从事经济管理研究工作的教师及研究生，由于本书大多数章节的内容为实证研究，对从事实证研究的读者具有参考作用。

本书由大连市人民政府资助出版。

目　录

第一章　非效率投资概述 ………………………………………… 1

第一节　非效率投资的理论内涵 ………………………………… 1
一　投资的含义 …………………………………………………… 1
二　非效率投资的含义 …………………………………………… 2

第二节　非效率投资的分类 ……………………………………… 2
一　体制性非效率投资 …………………………………………… 2
二　技术性非效率投资 …………………………………………… 3

第三节　非效率投资的治理途径 ………………………………… 4
一　公司治理 ……………………………………………………… 4
二　内部控制 ……………………………………………………… 7

第四节　非效率投资研究的必要性 ……………………………… 8

第二章　非效率投资的理论基础 ………………………………… 11

第一节　投资理论 ………………………………………………… 11
一　加速器投资理论 ……………………………………………… 11
二　乔根森的新古典理论 ………………………………………… 13
三　托宾 Q 理论 …………………………………………………… 15

第二节　委托—代理理论与非效率投资 ………………………… 16
一　委托—代理理论 ……………………………………………… 16
二　委托—代理理论对非效率投资的影响 ……………………… 19

第三节　信息不对称理论与非效率投资 ………………………… 24
一　信息不对称理论 ……………………………………………… 24

二　信息不对称理论对非效率投资的影响…………………… 30

第三章　我国非效率投资现状分析………………………………… 34

　第一节　我国投资行为现状分析………………………………… 34

　第二节　非效率投资的度量……………………………………… 36

　　一　非效率投资度量方法………………………………………… 36

　　二　体制性非效率投资和技术性非效率投资的
　　　　度量方法……………………………………………………… 42

　第三节　非效率投资现状分析…………………………………… 49

　　一　非效率投资总体现状分析…………………………………… 49

　　二　体制性非效率投资的现状分析……………………………… 57

　　三　技术性非效率投资的现状分析……………………………… 62

第四章　公司治理对非效率投资的影响…………………………… 69

　第一节　公司治理对非效率投资影响的理论分析……………… 69

　　一　公司治理对总体非效率投资影响的理论分析……………… 69

　　二　公司治理对体制性非效率投资影响的理论分析…………… 71

　第二节　公司治理对非效率投资影响的实证检验……………… 74

　　一　公司治理对非效率投资影响的模型设计…………………… 74

　　二　公司治理对非效率投资影响的实证检验结果
　　　　分析…………………………………………………………… 89

第五章　内部控制对非效率投资的影响…………………………… 116

　第一节　内部控制对非效率投资影响的理论分析……………… 116

　　一　内部控制对总体非效率投资影响的理论分析……………… 116

　　二　内部控制对技术性非效率投资影响的理论分析…………… 118

　第二节　内部控制对非效率投资影响的实证检验……………… 119

　　一　内部控制质量的度量方法研究……………………………… 119

　　二　内部控制对非效率投资影响的模型设计…………………… 128

　　三　内部控制对非效率投资影响的实证检验

　　　　结果分析 ………………………………………………… 129

第六章　公司治理和内部控制对非效率投资的影响 ……………… 144

　第一节　公司治理和内部控制关系研究 ………………………… 144
　　一　公司治理和内部控制关系的理论分析 ………………… 144
　　二　公司治理和内部控制关系的实证研究 ………………… 147
　第二节　公司治理和内部控制对非效率投资影响的
　　　　　理论分析 ………………………………………………… 149
　第三节　公司治理和内部控制对非效率投资影响的
　　　　　实证检验 ………………………………………………… 151
　　一　公司治理和内部控制对非效率投资影响的
　　　　模型设计 ………………………………………………… 151
　　二　公司治理和内部控制对非效率投资影响的
　　　　实证检验 ………………………………………………… 151
　　三　公司治理和内部控制对不同类型非效率投资影响的
　　　　实证检验 ………………………………………………… 152
　　四　公司治理和内部控制对非效率投资影响的
　　　　稳健性检验 ……………………………………………… 154

参考文献 ……………………………………………………………… 171

后　记 ………………………………………………………………… 187

第一章 非效率投资概述

本章对本书研究涉及的主要概念进行界定,并简要地回顾其发展历程,在对相关理论深入分析的基础上,按照非效率投资的内在形成机理对其进行分类。本章明确了所研究内容的含义、范围和边界,有助于对相关概念的把握和深层次的理解,为下文的研究提供理论支持。

第一节 非效率投资的理论内涵

一 投资的含义

投资是企业在一定时期内为取得与其所承受的风险成比例的预期收益,对持有资源的一种运用。投资可以分为金融类投资和实物类投资。金融类投资是指将资金投在股票、债权、金融衍生品等金融工具,以获取股利、利息收入等形式的预期收入。金融类投资反映人与人的财务交易关系,具有高收益、高风险、强波动性的特点。实物类投资是指将资金投在各种有利于提高企业生产经营条件的实物类项目。实物类投资又包括广义和狭义两种含义。广义的实物类投资是指企业将资源投入于获得、维持和改善生产经营所需长期性资产的行为,实物类投资是相对于金融类投资而言的,通常为除金融类投资之外的全部支出,包括构建厂房、设备等固定资产,购买原材料、存货等流动资产、无形资产开发与研究等。狭义的实物类投资又称资本品投资,是指企业为正常经营和价值创造而将资金投资于为获取、改善和更新固定资产等长期性资产而发生的支出。企业进行投资的目标在于获取投资收益,无论是实物类投资还是金融类投资,只要能够获取收益,企业都可以将资金投入其中。但是,对于非金融类公司来讲,实物类投资尤其是狭义范畴的实物类投资能够提高或降低企业的经营效率,直接关系企业的价值创造和长期发展,对企业的日常经营活动具有重大影响,因此,投资界定为狭义的实物类投资,即为获取固定资产、工程物资和在建工程而发生的支出。

二 非效率投资的含义

投资决策者从自身利益出发,使企业的投资行为可能偏离正常的水平,违背企业价值最大化的决策目标,造成社会资源的浪费和企业价值的损毁,具有低效率的特征,被称为非效率投资。非效率投资包括过度投资和投资不足两大方面。

过度投资是指企业将资源投资于净现值为负的项目(Jensen,1986)。过度投资的具体水平为企业的实际投资超过维持性投资和期望投资水平的金额(Richardson,2006)。过度投资将资源投资于净现值为负的项目,不仅不会带来企业价值的提升,反而会减损股东、债权人等利益相关者的权益。过度投资的水平越高,对企业的损害越大,当其水平超越企业可承受范围后,将导致企业资源枯竭、发展能力下降甚至面临破产的危机。

投资不足是指当企业拥有足够的资源进行投资时,对于部分净现值为正的投资项目不予投资(Myers and Majluf,1984)。投资不足白白放弃了可贵的投资机会,造成企业资源大量闲置,降低企业的长期发展能力。

第二节 非效率投资的分类

一 体制性非效率投资

体制性非效率投资为体制性因素作为主要成因,而导致的非效率投资。资本市场发展尚不完善,体制性因素是上市公司非效率投资的成因之一。内源融资和外源融资成本存在较大差异,上市公司尤其是民营上市公司面临着较为严重的融资约束，处于难以有效地获得投资所需资金的困境。与此同时，部分上市公司尤其是国有上市公司存在严重的预算软约束问题，为企业非理性强烈扩张提供充足的资金来源；我国上市公司多由国有企业改制而来，存在"一股独大"、内部人控制、管理者缺位等问题，管理者和股东、大股东和中小股东之间存在代理冲突，代理问题严重，管理者个人利益与企业规模等因素直接相关，具有通过非效率投资谋取个人私利的动机和能力；政府出于多方面政治、经济需求，对企业投资行为的干预进一步加剧了企业非效率投资水平。诸多与体制相关联的因素成为企业非效率投资的动因和条件。

二 技术性非效率投资

技术性非效率投资为技术性因素作为主要成因，而导致的非效率投资。技术性因素也影响着企业的投资行为，主要表现为：第一，投资项目评估过程中的技术性失误，未能准确地评估投资项目的风险和获利水平，将有效投资误评估为非效率投资，抑或将非效率投资误评估为有效投资，从而导致投资效率低下。第二，投资项目执行过程中的技术性失误，即投资项目的具体执行过程中偏离投资计划水平，从而导致非效率投资。第三，预算失误导致投资项目未能按照最优化水平进行。

虽然不同因素都将导致企业发生非效率投资，但对应的解决措施却迥然不同，若非效率投资主要是由体制性因素造成的，则该类企业非效率投资的应对措施应该更多地从降低体制性因素对企业投资行为的不利影响入手；若非效率投资主要是由于技术性因素造成的，则该类企业非效率投资的应对措施应该是如何降低企业的技术性失误。根据非效率投资产生的不同内在机理，有针对性地选择和完善相应的解决措施，为有效地抑制我国上市公司的非效率投资提供了一个全新的视角。

第三节 非效率投资的治理途径

一 公司治理

立足中国制度背景,按照非效率投资内在形成机理进行分类的基础上,依据"形成原因—作用机理—解决机制",寻求抑制非效率投资的有效途径。近年来,我国积极推进上市公司完善公司治理的建设。2005 年修订《中华人民共和国公司法》和《中华人民共和国证券法》,完善了公司治理的法定要求,公司治理作为缓解代理问题的重要机制,能够缓解体制性因素对非效率投资的影响,抑制上市公司非效率投资方面具有重要作用。

公司治理问题缘于伯利和米恩斯(Berle and Means,1932)提出的所有权和控制权分离,随着公司规模的不断发展,股份制在较大规模公司中诞生,由此所有权和控制权分离的现象在诸多公司中存在,这种模式虽具有提高资源配置效率的作用,但也存在不利的一面。控制权从公司的实际所有者(股东)转移到公司的实际经营者(管理者),其中一个重要的问题就是股东和管理者的利益虽存在一致性,但是,由于管理者个人私利的存在,在某些情况下也存在利益不一致的情况。因此,如何有效地监督和激励管理者努力工作、降低管理者为谋取个人私利的机会主义行为、促使其实现股东利益最大化,成为当时亟待解决的新问题,并涌现出大量的研究成果。

随着证券市场的不断发展,所有权和经营权分离程度越来越高,公司治理的重要性越来越突出。在这样的股权分布结构下,由于信息不对称问题的存在,公司的实际经营人即管理者相较于所有者拥有越来越多的信息优势,加之众多的小股东又缺乏监督管理者的动力,"搭便车"问题广泛地存在于股份制公司当中。另外,由于股东不可能完全观察管理者的行为,公司难免存在"内部人控制"问题,管理者可能出于个人私利,进行有损股东利益的决策。公司治理通过权力的分配和制衡,提高公司的决策效率和运营有效性,从而影响到中观市场的发展。

随着公司治理问题得到各界的认同和关注，如何定义公司治理成为各界关注的话题，不同学者通过深入分析公司治理的内涵，基于不同的视角，从不同的角度对公司治理展开定义。总体来讲，公司治理的含义逐步得到发展和完善。

布莱尔（Blair，1995）从狭义和广义两个视角对公司治理的边界与范围进行界定。他将狭义的公司治理认定为股东和董事会为主体，内容包括其权利、功能、结构等一系列制度的安排；将广义的公司治理定义为公司控制权、剩余索取权相关的制度和安排。

哈特（Hart，1995）认为，公司治理只在两种特殊情况下才具有存在的必要性：一是公司存在委托—代理问题；二是合约不完备，合约不足以有效地解决委托—代理问题。当公司不存在代理问题时，管理者自然会按照股东利益最大化标准进行决策，激励机制和监督机制并不具有现实意义，公司治理也就没有存在的价值；当公司存在代理问题且合约完备时，管理者只能按照合约的规定行动，使其谋取个人私利而有损公司价值的行为在实践中很难发生，公司治理不会发生；当公司存在代理问题且建立完备的合约成本过高或无法建立时，管理者就可能利用不完备的合约进行有损公司利益的决策，公司治理在此种情况下具有存在的必要性。现实世界中，恰恰是最后一种情况广泛存在。由于所有权与控制权的高度分离，代理问题不可避免地存在；由于信息不对称、未来较强的不确定性和契约制定的成本等因素的制约，使合约很难具备完备性。因此，大量公司存在公司治理问题，该问题也成为真实世界中受到各界极为关注的核心问题。

施莱弗和维什尼（Shleifer and Vishny，1997）认为，公司治理是保证投资者能够获得投资回报的必要方式和方法，包括如何促使管理者将应分配的利润给予股东、如何保证股东的投资不被非正当的占用、如何防止管理者将资金投资于有损股东尤其是中小股东利益的活动、如何能够有效地提高管理决策效率和管理行为有效性等诸多方面，核心内容是确保股东的利益不会被侵占和不会因不正当决策而造成损失。

经济合作与发展组织（OECD）于1988年将公司治理定义为一套包含管理层、股东、董事会及其他利益相关者关系，能够管理和控制公司的体系，以及确定公司目标实现的方式。OED制定的《公司治理原则》自从1999年发布以来，得到全球的广泛认可和较高的社会评价，主要包括以下六个方面：第一，公司治理应当能够提高资本市场的有效性，符合依法原则，并明确划分各类监督、监管和执行部门的责任；第二，公司治理应该保护股东的权利，包括基本权利、股东应有权参与涉及公司重大变革的决定并获得充分的信息、股东应具有参与股东大会和投票的权利、披露特定股东获得的控制权与其股票持有不成比例的情况、允许控制权市场有效运行、为所有股东行使所有权创造条件、允许股东对基本权利进行磋商；第三，平等对待少数股东和外国股东；第四，承认利益相关者的权利，并与之合作共同创造财富、促进财务持续发展；第五，确保公司财务、绩效和公司治理等信息及时披露；第六，确保董事会指导公司战略、有效监督董事会，完成公司的受托责任。

科克兰和瓦蒂克（Cochran and Wartick，1998）认为，公司治理是股东、董事会、管理者和利益相关者相互制衡，在一定条件下，存在公司决策的受益主体并不是决策应该受益主体的情况，公司治理包括四大要素即管理者有限控制权、董事会屈从者、工人无法参与公司管理、宽容的政府注册规定。

李维安（2002）分别从狭义和广义定义公司治理，狭义的公司治理认为，公司治理是股东和管理者权利与责任的有效配置，股东大会、董事会和监事会对公司日常事务的实际管理者进行有效的监督和制衡；广义的公司治理是在狭义公司治理含义的基础上，增加了供应商、政府等公司的利益相关者，认为公司治理是董事会、监事会及利益相关者的权利制衡和决策，目标不仅局限于股东，而是利益相关者利益最大化。此定义下，该概念被界定为是一套正式或非正式制度。

不同学者从不同角度，对公司治理的含义进行了深入的分析，公司治理迄今为止还没有明确的定义。虽然各种公司治理的含义有所不同，但总体来讲，可以概括为两大类，即狭义的公司治理（解决公司内部组织和人员之间的监督与激励问题）和广义的公司治理（不仅局限于公司内部的组织和人员，还拓展到包括供应商、政府等多方面的利益相关者）。由于广义的公司治理涉及因素较多，过于复杂，并且在进行实证研究时，由于信息和技术的局限，广义的公司治理中的变量无法有效地获取和计量，因此，使用的公司治理特指狭义的公司治理，即仅考虑公司监督和激励机制。

二 内部控制

财政部等五部委分别于2008年和2010年发布了《内部控制基本规范》和《企业内部控制配套指引》，推动我国上市公司内部控制的建立和完善。内部控制通过制度和流程的设计，具有合理保证控制目标实现的作用，内部控制预期能够有效地降低技术性因素导致的非效率投资，在抑制我国上市公司非效率投资中发挥积极作用。

（一）美国会计师协会（AIA）提出的第一个内部控制正式概念

1949年，美国会计师协会（AIA，美国注册会计师协会的前身），首次提出了内部控制的正式含义，认为"内部控制包括组织机构的设计和企业内部采取的所有相互协调的方法和措施"。

（二）AICPA对内部控制含义的表述

1958年，AICPA在《审计程序公告》（第29号）中指出，内部控制包括会计控制和管理控制两大类。会计控制为财产安全和会计计量有直接相关的控制程序和方法；管理控制为与企业的经营效率直接相关的控制程序和方法。1988年，AICPA在《审计准则公告》（第55号）中取消将内部控制划分为会计控制和管理控制的方法，认为内部控制结构是"为提供获得企业特定目标的合理保证而建立的各种政策和程序"，并将内部控制要素定义为控制环境、会计系统和控制程序三要素。

（三）美国COSO对内部控制含义的表述

1992年，COSO在《内部控制——整体框架》更为完备的条件下给予内部控制的定义，即"由董事会、经理层和其他员工实施的，为运营的效率效果、财务报告的可靠性、相关法令的遵循性等目标的达成而提供合理保证的过程"，将内部控制要素划分为控制环境、风险评估、控制活动、信息和沟通、监督五要素。2004年，COSO在《企业风险管理框架》中将内部控制要素修改为内部环境、目标制定、事项识别、风险评估、风险反映、控制活动、信息和沟通及监督八要素。

（四）加拿大CoCo对内部控制含义的表述

1995年，CoCo在《控制指南》中将内部控制扩展到"控制"，认为"控制是一个企业中的要素的集合体，包括资源、系统、过程、文化、结构和任务等，这些要素集合起来，支持达成企业的目标"。

（五）我国对内部控制含义的认识

为规范和提高我国企业内部控制质量，增强风险防范能力，提高经营管理水平，2008年，财政部等五部委在《企业内部控制基本规范》中认为，"内部控制是企业董事会、监事会、经理层和全体员工实施的，旨在实现控制目标的过程"。《企业内部控制基本规范》能够有效地提高我国企业的管理水平和风险防范能力，是我国内部控制制度建设的重大突破。

第四节　非效率投资研究的必要性

立足我国特殊的制度背景，研究我国上市公司非效率投资，并通过对非效率投资成因的深层次分析，依据"形成原因—作用机理—解决机制"，探索抑制非效率投资的有效途径。在此基础上，深入分析公司治理和内部控制对非效率投资的影响机理及其相互关系，有助于进一步拓宽公司投资领域的研究视野，丰富公司治理和内部控制的相关理论，为我国上市公司加强公司治理和内部控制建设、有效约束投资行为提供指导，为监管部门的政策制定和规则完善提供理论支持和经验证据。

如何有效地抑制公司的非效率投资，一直是学术界和实务界关注的热点问题。然而，在实践中，拥有大量自由现金流量公司的管理者出于追求个人利益最大化等目的，滥用公司资源进行盲目扩张，发生过度投资；公司因存在严重的融资约束无法有效地筹集投资所需资金等问题，导致优质的投资机会无法实施，发生投资不足。在体制性、技术性等多重因素的影响下，我国上市公司广泛地存在非效率投资问题。国内外学者虽已对该问题进行了大量的研究，但大多仅仅从委托—代理的视角进行解释和分析，忽视了技术性失误对非效率投资的影响，寻求有效地抑制公司非效率投资的有效途径，仍是当前的重要问题。

研究目的在于分析非效率投资的成因、现状及抑制途径，试图从公司治理和内部控制的视角建立一个影响公司投资行为的理论体系，并从实证层面，对公司治理和内部控制抑制公司非效率投资的影响能力进行定量分析，从而回答：公司治理如何影响非效率投资？内部控制对非效率投资的影响机制如何？内部控制质量应该如何有效的度量？公司治理和内部控制的关系是怎样的，它们对由于不同内在机理而形成的非效率投资的抑制作用是否存在显著差异？

然而，尽管已有大量文献对非效率投资的影响因素进行了研究，但目前对非效率投资的认识仍局限于观念层面，关于非效率投资产生的内在机理等深层次影响的研究涉猎较少。因此，选取公司治理和内部控制为研究视角，对如何有效地抑制非效率投资这一问题展开系统性研究具有较强的必要性。

第一，启示了人们对我国上市公司非效率投资内在形成机理的深层次理解。理论与实证研究表明，公司的投资行为不仅受委托—代理、信息不对称等因素的影响，公司内部的技术性因素也是其重要的作用因素之一。已有研究主要集中于从委托—代理和信息不对称视角研究非效率投资，忽视了公司内部技术性因素对非效率投资的重大影响，这可能是长期以来我国上市公司非效率投资治理收效甚微的重要原因。通过深入分析非效率投资形成的内在机理，进而据此寻求抑制非效率投资的有效途径，以期为更好地抑制公司的非效率投资提供理论支持。

第二，深化了内部控制和公司投资决策之间关系的认识。近年来，内部控制理论得到了各方的广泛关注，但对内部控制和公司非效率投资的研究却仅有少量涉及。深入分析了内部控制对公司非效率投资影响的作用机理，研究内部控制对非效率投资的影响能力及方向，丰富了内部控制信息披露经济后果相关研究，提供了基于中国特殊制度背景的相关经验证据。

第三，明晰了公司治理和内部控制的关系，为非效率投资理论框架的构建奠定了基础。公司治理和内部控制是两种不同的机制，对两者关系的认识向来就有较大的分歧，学术研究中也存在混淆和模糊两者的概念与边界，相关的经验证据极其缺乏。通过分析公司治理和内部控制在抑制非效率投资中的作用差异，厘清公司治理和内部控制的关系，为后续研究提供理论基础。

第四，明确了公司治理和内部控制在投资决策中的作用。在公司内部层级结构中，一般由管理层负责重大投资战略，各级管理人员和员工根据其职责，分工负责处理与投资相关的具体业务。对管理层投资决策行为的监督和激励是公司治理的一项重要任务；对投资决策与具体实施过程的控制以及对相关风险的管理是内部控制的一项重要内容。

第五，寻求了抑制非效率投资的有效途径，有利于保护投资者、债权人等利益相关者的权益。通过对相关理论的深入分析，按照非效率投资形成的内在机理对其进行分类，并分别针对不同类型非效率投资的特点，寻求相应的解决方案。因此，应该能够更为有效地抑制公司的非效率投资，防止公司管理者通过非效率投资对投资者、债权人等利益相关者权益的侵占，增强投资决策的科学性和稳健性，提高公司生存能力和发展潜力。

第二章 非效率投资的理论基础

投资行为是公司未来现金流量的主要来源和公司成长的重要动因，长期以来，都是备受关注的热点问题。投资问题研究衍生于新古典经济学，形成了包括加速器投资理论、乔根森（Jorgenson）的新古典模型、托宾 Q（Tobin'Q）理论等一系列传统理论体系，构造了投资相关研究的微观基础。随着委托—代理理论、信息经济学理论的不断发展，公司投资理论的研究发生了根本性变革，大量学者从委托—代理和信息经济学角度分析公司的非效率投资行为，将诸多因素纳入投资问题的研究中，使其内容不断丰富和完善。为清晰地体现研究理论的发展情况，本章按照时间顺序对相关理论进行梳理，为寻求有效地抑制非效率投资的途径提供理论基础。

第一节 投资理论

一 加速器投资理论

20 世纪 60 年代，加速器投资理论得到了西方学者的广泛应用，首先由克拉克（Clark，1917）提出原始理论，在此之后，大量学者对该理论进行了修正和完善。

加速器投资理论研究预期产出与投资之间的关系，认为预期产量的变动决定公司的投资水平，收入和生产决定了社会需要的资本品数量。也就是说，只有收入增长了，公司的投资才会增加。该理论以资本存量与产出的固定比例关系 α（加速数）为基础，其计算公式为：

$$K_t^* = \alpha Q_t$$

式中，K_t^* 为第 t 期的最佳资本存量，K_t 为第 t 期资本存量，Q_t 为第 t 期的产出数量，K^* 唯一取决于 Q，假设每一期的 K_t 都调整为 K_t^*，I_t 为第 t 期的投资水平则可表示为：

$$I_t = K_t - K_{t-1} = K^* - K_{t-1} = \alpha(Q_t - Q_{t-1})$$

即：

$$I_t = \alpha(Q_t - Q_{t-1}) + \varepsilon_t$$

该模型能够有效地研究投资与经济周期变动的关系，对于早期投资行为的研究具有重大的贡献，但模型是在严格要求 $K_t^* = K_t$ 的条件下进行研究的，要求 K_t 可以随时调整，与现实生活中资本品供给弹性存在矛盾，模型忽略了投资的时滞问题，即要求实际与意愿的资本存量在一期中完成调整，对于企业将耗费巨大的成本。该理论还要求 α 固定不变，但实际生活中存在大量的 α 增加或减少的情况。由于模型存在诸多问题，对现实生活中的投资问题解释力度有限。

在此之后，大量学者针对原始加速器模型中存在的诸多问题，进行了改进。Koyck（1954）突破了克拉克（1917）研究资本存量等于最优存量的局限，在原始加速器模型的基础上，进一步拓展为"灵活的加速器模型"，该模型不再假设 $K_t^* = K_t$，公司的实际资本存量只是部分地向最优资本存量调整，当前并不完成全部 $K_t - K_t^*$ 数量的投资，只是部分 $K_t - K_t^*$ 在当前实现投资，其余部分由以后各期完成，模型还考虑了折旧的影响，模型具体表示为：

$$K_t - K_{t-1} = \beta(K_t^* - K_{t-1}) = \alpha\beta Q_t - \beta K_{t-1}$$

由此得出：

$$K_t = \alpha\beta Q_T + (1-\beta)K_{t-1}$$

式中，β 为资本调整系数，在 0—1 取值，表示 K_t 的调整速度，考虑滞后变量后，得出：

$$K_t = \alpha[\beta Q_T + \beta(1-\beta)Q_{t-1} + \beta(1-\beta)^2 Q_{t-2} + \cdots]$$

由此表明，K_t 由当前及以前各期的产出决定。当公司存在折旧（γ 为折旧率）时，D 为折旧，公司总投资（GI_t）可以通过以下方式得出：

$$D_t = \gamma K_{t-1}$$

$$GI_t = I_t + D_t = \alpha\beta Q_t + (\gamma - \beta)K_{t-1}$$

由此得出度量公司投资的模型：

$$GI_t = I_t + D_t = \alpha\beta Q_t + (\gamma - \beta)K_{t-1} + \varepsilon_t$$

根据样本公司数据，在计算得出 γ 的基础上，按照该模型进行回归分析得出各项参数，实现对公司投资行为的研究。考虑滞后影响时，模型可以表示为：

$$\begin{aligned}GI_t - (1-\gamma)GI_{t-1} &= \alpha\beta Q_t - (\gamma-\beta)K_{t-1} - (1-\gamma)\alpha\beta Q_{t-1} + (1-\gamma)\\ &\quad(\gamma-\beta)K_{t-2}\\ &= \alpha\beta Q_t - (1-\gamma)\alpha\beta Q_{t-1} + (\gamma-\beta)GI_{t-1}\end{aligned}$$

由此得出考虑滞后期影响的公司投资模型：

$$GI_t = \alpha\beta Q_t - (1-\gamma)\alpha\beta Q_{t-1} + (1-\beta)GI_{t-1} + \varepsilon_t$$

灵活的加速器模型相对于原始的加速器模型更贴近于现实的实际情况，解释能力和可信程度都有了较大的提高，为早期相关研究的进一步发展提供支持。灵活的加速器模型也存在诸多的缺陷，对滞后期的影响采用简单的几何形式，无法有效地度量现实环境中复杂的投资活动；模型要求 α 为常量，与实际情况不符；模型要求没有资本闲置的条件很难达到；模型中没有考虑自发投资的影响，即除产量外其他因素导致的公司投资。该理论认为，投资是一个资本积累的过程，忽略了投资作为一种经济行为的特征，混淆了投资理论和资本理论。由于这些缺陷的存在，投资理论急需进一步的发展，乔根森的"新古典投资理论"应运而生。

二 乔根森的新古典理论

乔根森（1963）以企业最优化行为为出发点，通过构造连续时间动态最优化模型，将新古典函数引入企业投资问题的研究，使公司投资行为的研究从最初的宏观视角，发展到微观视角。使用该模型研究企业的投资行为，形成了新古典综合派的企业投资理论。

在这个模型中，考虑了资本和劳动以及要素价格和产出水平等因素，认为资本和劳动两者之间具有可替代性。以企业利润，即期望收益的现值与资本和劳动投资的差额最大化为目标函数，在生产函数约束的条件下，求解动态最优化极值，具体的函数如下：

$$\max R_t = p_t Q_t - w_t L_t - m_t K_t$$

s. t. $Q_t = F(K_t, L_t)$

式中，Q_t、K_t、L_t分别为第 t 期的产量、资本存量和劳动投入，p_t、m_t、w_t分别为第 t 期的产品、资本和劳动的价格。对上述函数采用拉格朗日（Lagrange）方法求解等式极值。

$$\frac{\partial Q_t}{\partial K_t} = \frac{m_t}{p_t}, \quad \frac{\partial Q_t}{\partial L_t} = \frac{w_t}{p_t}$$

资本存量的总成本可以表示为：

$$c_t = r_t q_t + \lambda q_t - \overline{q_t}$$

式中，q_t、r_t为第 t 期资本品价格和利率，λ 为固定的折旧率，$\overline{q}$ 为价格变化率。

由上式可知，在确定的环境下，当额外单位资本边际收益等于边际成本时，能够实现企业利润的最大化，此时是企业的适当投资时机，企业应该进行投资。c_t 为 "影子价格" 或单位时间内单位资本的隐含租金，作为资本使用者的成本必须等于 m_t，即得到以下函数：

$$\frac{\partial Q_t}{\partial K_t} = \frac{c_t}{p_t}, \frac{\partial Q_t}{\partial L_t} = \frac{w_t}{p_t}$$

模型假定变量的实际值和期望值之间不存在不确定性，得出企业的投资由要素价格的变化决定。

该理论假设生产函数为柯布—道格拉斯（Cobb–Douglas）形式，产出弹性为 ρ，得：

$$K^* = \rho \frac{p_t Q_t}{c_t}$$

由于实际资本存量向最佳资本存量的调整需要一定的时间才能完成，这个时间可能延续一期或之后的多期。投资项目在第 δ 期完成的比例为 s_δ，新项目投资为 I_t^E，开始新项目投资为 I_t^N，$s(L)$ 为分布滞后函数，由此得出：

$$I_t^E = \sum_{\delta=0}^{\infty} s_\delta I_{t-\delta}^N = s(L) I_t^N$$

$$I_t^N = K_t^* - [K_t + (1-s_0)I_{t-1}^N + \cdots]$$

由此得出投资函数：

$$I_t^E = s(L)[K_t^* - K_{t-1}^*]$$

该模型包含四个假设：一是资本存量调整速度不影响资本品价格；二是市场是完全竞争的；三是变量的期望值与实际值之间不存在不确定性；四是生产函数为新古典形式。模型忽略了内外融资成本差异问题，认为只要有净现值大于零的项目就可以进行投资，没有考虑投资所需资金的限制。由于以上四个严格的假设及模型本身存在的缺陷，使该理论在实际研究中的应用具有很大的限制。

三 托宾 Q 理论

托宾 Q 理论最初由凯恩斯提出，布赖纳德和托宾（Brainard and Tobin，1968）、托宾（1969）的研究使该理论得到了进一步发展，并赋予了新的经济含义。由企业价值和资本成本之间的关系提出的 Q 理论，使货币一般均衡演进到投资问题的研究，成为新古典综合派的又一重要分支，为投资问题的研究做出了重大贡献，成为投资相关研究中最为重要的理论之一。

Q 理论将企业的预期引入需求函数，该理论认为，在进行投资时，应该区分实物资产和金融资产，两者并存的资本市场，金融资产和实物资产都应达到均衡，而不是仅仅实现货币和债权等金融产品的均衡。Q 为公司在资本市场中的市场价值与重置成本的比值，在一系列假设条件下，证明平均 Q 等于边际 Q，是公司投资机会的代理变量。当资本市场有效时，股价能够反映市场对公司发展前景的预期值，Q 值越大，市场对公司未来发展的前景就越乐观。当 $Q > 1$ 时，市场价值大于重置成本，增加投资能够实现以较低的成本获得较高的价值增量，扩大投资能够增加公司的价值；当 $Q < 1$ 时，增加投资能够减少公司的价值，Q 理论具体可由以下方式表示：

$$Q = \frac{V}{\theta K}$$

$$\frac{\Delta I}{I} = \eta(Q - \overline{Q}) + g$$

式中，V 为公司价值，θK 为重置成本，$\Delta I/I$ 为资本增长率，g 为自然增长率，Q 为加权平均 Q 值，η 满足：

$$\eta(x) = \begin{cases} <0 & \text{当 } x<0 \\ =0 & \text{当 } x=0 \\ >0 & \text{当 } x>0 \end{cases}$$

Q 理论主要得出以下结论：

（1）当 $Q > \bar{Q}$ 时，投资增长率以高于自然增长率的速度扩张。

（2）当 $Q = \bar{Q}$ 时，投资增长率以等于自然增长率的速度扩张。

（3）当 $Q < \bar{Q}$ 时，投资增长率以低于自然增长率的速度扩张。

Q 理论完善了乔根森模型，实现了将未来预期纳入对当前投资的研究中，然而，该模型建立在资本市场有效的基础上，同时，Q 模型的实证结果也并不理想。

第二节　委托—代理理论与非效率投资

一　委托—代理理论

（一）委托—代理理论的含义

伯利和米恩斯（1932）发现，股权分离是现代企业的基本特征，企业的所有者和经营者分离，并且承担着不同的职责和风险。所有者具有为企业提供资金的职责，承担企业的财务风险；经营者负责为企业提供人力资本，承担企业的日常经营任务。由于所有者和经营者的利益差异，经营者更多的是按照个人利益最大化原则行决策公司事务，而不是股东利益最大化，在这种情况下，实际经营业绩将小于最高水平。

委托—代理最早由罗斯（Ross, 1973）提出，将其定义为："存在双方当事人的情况下，代理人代表委托人的利益行使决策权，由此产生委托—代理问题。"詹森和麦克林（Jensen and Meckling, 1976）将委托—代理关系定义为："一位或几位委托人雇佣并授权给另一位代理人，代其行使某些特定行为的契约关系。"代理问题在所有企业中都存在，他们将代理成本定义为以下三项要素的总和：第一，委托人的监管成本，即委托人监督和激励代理人的成本；第二，代理人的保险费用，即代理人保证不损害委托人利益的保险费用以及损害发生时的赔偿费用；第三，剩余损失，即为代理人按照自身利益最大化决策对公司产生的经济后果与按照股东利益最大化决策经济后果的差。他们还将公司的代理成本划分为两大类：外部股权代理成本，即委托人监督和控制代理人的成本及监督有限性造成的剩余损失；债务代理成本，即影响投资决策导致的财富机会损失、保证金支出、监督支出和破产费用。如何有效地设计一套契约，在股东耗费最小成本的情况下，使经营者尽可能地按照股东利益最大化的原则努力工作，是代理理论的核心内容。

单个股东持股数量在公司总股份中的比例相对较低，又存在成本和能力的限制，无法直接管理公司事务，只能通过聘用经理人对公司日常业务进行管理。由于交易费用的存在，代理人出于自身利益，甚至不惜牺牲委托人的利益进行决策，由此造成的效率损失即为代理成本。在此关系中，假设一方要求另一方为完成某种类型的行为或决策而订立合约，主动缔约方为委托人，受邀缔约方为代理人。

（二）委托—代理理论假设

委托—代理理论有以下三大假设：

第一，存在信息不对称和利益冲突。这是委托—代理问题产生的基本原因，在这样的环境下，代理人可能发生道德风险和逆向选择问题，通过牺牲委托人的利益，提高个人收益。

第二，合约必须具有可证实性。委托人本应按照代理人的努力程度给予报酬，但是，由于代理人的努力具有不可观测、不可证实的特征，委托人在信息劣势的条件下，无法掌握代理人的努力程度，因此，无法将努力水平写入合约。合约中的条款必须能够被第三方证实，否则合约将因无法证实而失去效力。

第三，合约必须在符合"参与约束"和"激励相容"的基础上，追求委托人利益最大化。参与约束是代理人参与公司事务的基本条件，激励相容在保证代理人按照委托人利益行动的同时，能够达到自身利益的最大化，从而激励代理人按照委托人利益最大化的方式行动，只有满足了以上两个条件，才能实现委托人利益的最大化。

（三）委托—代理理论的特征

1. 委托—代理双方目标具有不一致性

委托人和代理人具有不同的效用函数，两者的利益存在不一致性，并各自分别按照自身利益最大化的准则行动。委托人按照自己的效用函数行动，以自身利益最大化为目标，希望尽可能增加收入，减少成本和费用，其中也包括管理者激励相关的各项费用。同样，代理人也按照自己的效用函数行动，尽可能减少付出，增加回报。代理人不可能总是按照委托人的效用函数行动，由此带来利益冲突。代理人出于机会主义动机有可能进行有损委托人利益的非效率投资行为，是该问题的重要表现形式之一。因此，委托人需要事前设计一套合约，以激励代理人按照自己的利益行动，实现委托人利益最大化的目标。然而，这套合约并不可能是完全有效的，虽然能够在一定程度上减少代理成本，但并不能保证代理人完全按照委托人的利益行动。在这套合约下，代理人仍然可能出于自己的收入、权力、声誉等诸多方面原因，牺牲委托人的利益，以提高自身收益，发生委托—代理问题。

2. 委托—代理契约具有不完备性

代理人按照委托人事前制定的契约行动，与委托人构成契约关系，包括显性契约关系和隐性契约关系。显性契约关系是指通过书面协议明确两者的权利和义务关系，具有严格的法律效力；隐性契约关系是指约定俗成的各种惯例，法律效力低于显性契约。诸多因素能够对契约的制度产生影响，现实中，多种多样因素的不断变化会影响契约的制定，使契约的制定过程具有较高的不确定性；由于现实的复杂性，制定完备的契约需要高额的成本，委托人在契约签订成本和收益之间进行权衡，通常会选择放弃完备的契约；由于信息不对称的存在，委托人不可能获得代理人的全部信息，代理人可能存在欺诈等有损委托人的行为，使完备契约的制度具有不可能性。由于委托人事前制定契约时，无法预测可能发生的所有状态，或对某些可以预测的状态无法完全量化，以及契约制度成本的限制，无法将所有状态写入契约，因此，委托—代理关系中通常只能使用不完备契约。

3. 委托—代理双方具有信息不对称性

委托方和代理方的信息具有不对称性。随着公司规模的不断扩大，委托方由于时间、经验和专业知识等方面的限制，无法独自管理公司事务，通常将资金注入公司并聘请管理者（代理人）管理公司事务。代理人具有公司经营的大量信息，却并不愿意将所知的所有信息告知委托方。委托方只能观测到代理人的行动结果，却无法观测到代理人的行动，由此导致代理人处于信息优势、委托人处于信息劣势。管理者可以利用信息优势地位，进行非效率投资等降低公司价值却能够提高个人收益的行为，引发两者的利益冲突，提高了公司的代理问题。

二 委托—代理理论对非效率投资的影响

委托—代理问题的早期研究集中于股东与经理人的第一类代理问题上。随着研究的不断深入，发现许多国家股权分布是高度集中的，而不是高度分散的（Shleifer and Vishny，1986），第二类代理问题，即大股东和小股东的代理问题，逐步得到学术界的广泛关注。

（一）股东与经理人代理问题下的非效率投资行为研究

所有权和经营权分离，管理者和股东的利益并不完全一致，存在利益冲突，导致公司的投资规模偏离最优水平。詹森和麦克林（Jensen and Meckling，1976）认为，管理者追求的是个人自身收益最大化，该目标与股东的目标并不完全一致，导致企业投资规模偏离最优水平，发生非效率投资。此类代理问题对公司非效率投资的影响，既有可能导致过度投资，也有可能导致投资不足。

1. 自由现金流量假说

詹森（1986）提出了自由现金流量理论，用于解释石油行业的投资行为，发现具有自由现金流量的公司发生过度投资的可能性更大。自由现金流量是指满足所有净现值为正的投资项目所需资金后，剩余的现金流量。该理论认为，当公司高质量投资（NPV＞0）项目缺乏时，就应该将自由现金流量发放给股东，否则经理人可能使用这些"多余"的资源进行挥霍，将其投资于长期项目，以扩大公司规模，提高非货币收益，发生过度投资。詹森的自由现金流量理论还包括两个推论,即负债和并购。

推论一:负债。具有"控制效应"能够更好地约束管理者的投资行为,还本付息的压力也可以避免管理者使用自由现金流量进行过度投资。

推论二:收购。具有大量现金流量的公司更可能发生大规模的收购活动,代理问题更为严重,这样的公司也更可能成为收购的目标,收购过程能够减少代理问题。

在此之后,大量学者对自由现金流量的过度投资理论进行了验证。斯特朗和梅耶(Strong and Meyer,1990)发现,自由现金流量越多的公司,越可能发生任意性投资。詹森(1993)研究发现,大规模投资降低公司的市场价值,公司很可能使用自由现金流量进行过度投资。理查森(Richardson,2006)研究发现,自由现金流量丰富的公司更容易发生过度投资。墨菲(Murphy,1985)发现,管理者具有使企业的规模超出最优规模的倾向,运用公司的自由现金流量不断对新项目进行投资,以控制更多的资源,进行帝国建设。

2. 宁静生活假说

Bertrand 和 Mullainathan(2003)的宁静生活理论认为,管理者倾向于宁静的生活,安逸和努力的减少能够给管理者带来更大的效用。管理者不愿意花费时间和精力去学习新的事物,在进行决策时,倾向于使用惯用的模式和方法。具体到投资决策上,管理者投资于新项目,可能需要花费较大的精力学习与之相关的新知识,随着投资规模的扩大,需要付出更大的努力管理投资项目。当投资规模的增加带来的增量管理成本大于牺牲宁静生活的增量收益时,管理者将会放弃这部分净现值为正的项目,发生投资不足。在是否终止低回报投资项目的决策中,管理者可能出于惯性,仍按照原有模式运行,导致低回报的投资项目不能及时终止,发生过度投资。

3. 管理者防御假说

管理者防御是指管理者防止被更换而采取的有利于提高个人利益,但损害公司价值的行为(Shleifer and Vishny,1989)。主要表现为以下四个方面:

第一,管理者倾向投资于能够增加自己人力资本专用性的项目,即使这些项目对股东并不是有利的。管理者将公司资源大量投资于专用性项目,这些项目不仅能够增加管理者的人力资本,更重要的是使股东更换管理者将付出巨大的成本。一旦股东更换此类管理者,新任管理者将无法在短时间内掌握已投资专业性项目的管理方法,势必造成公司的大量损失。原有管理者可以借助于专业性项目的投资,巩固自己的地位,减少被撤换的可能性。

第二,管理者大规模地投资专业性项目,增加了管理者在该领域的行业专长,促使管理者更为积极地投资于该类投资项目,无论该类投资项目是否有利于公司,都会导致过度投资。管理者的这种行为大量地资源浪费,损害公司的价值,造成社会整体的效率减损,也是对财富的再次分配,将股东的利益转移到管理者手中。

第三,管理者倾向投资于快速回报的项目,该类项目能够在短时间内实现回报,提高管理者当期业绩和声誉水平,有利于职位的稳定。然而,并非所有能够快速获得回报的投资项目,都有利于公司价值的增长,按照投资项目回报长短的决策标准替代公司价值最大化的决策标准,将造成公司投资的低效率和公司价值的减损,不利于公司的长期持续发展。

第四,管理者和股东的风险偏好不同,管理者更多地表现为风险厌恶。管理者在投资决策过程中,可以接受的风险水平低于股东,更倾向于选择投资低风险项目,放弃部分净现值大于零的项目,导致投资不足。

4. 管理者短视假说

管理者短视是管理者机会主义行为的一种方式。Narayanan(1885)认为,管理者倾向投资于短期收益高的项目,而放弃虽然在短期内收益相对较低但长期收益极好的优质项目,这种投资方式将带来股东利益的减损,造成投资不足。斯特恩(Stein,1989)对该问题进行了深入研究,发现管理者的投资行为是短期收益和长期发展之间权衡的结果,由于外部股东无法全面了解公司投资项目的实际情况,管理者可能放弃外部股东无法观察到的净现值大于零的项目,从而发生投资不足。由于管理者行为的不可观测性，投资不足带来的短期收益增加，反而可能带来了股价的大幅提高，为管理者带来了更好的声誉和更高的报酬。风险创业型管理者和年轻的管理者更容易发生投资短视问题（Gompers，1996）。

管理者短视不仅能造成投资不足，还能导致过度投资。Bebchuk 和 Stole（1993）研究发现，短期内的股价会影响管理者投资项目的选择，导致过度投资。当市场看好某些领域、方式或规模的投资项目时，管理者将按照市场的偏好选择投资项目，以表明自己是高水平的管理者，导致盲目地按照市场偏好进行投资，发生过度投资。

5. 守成策略假设

守成策略表现为管理者在进行投资决策时，出于安全性考虑，过于保守地选择投资项目，放弃风险较高的、能增加企业价值的项目，以维持其声誉和地位。管理者选择投资项目时，倾向于选择与原有投资相似的项目，更多地使用已有的有关投资决策信息，避免投资于差异较大和风险较高的项目，导致投资不足（Holmstrom and Costa，1986）。另外，由于管理者更愿意保持已有的投资策略和已投资的项目，即使投资不当或经营失误，也不选择进行清算，导致发生过度投资。

（二）大股东与中小股东代理问题下的非效率投资行为研究

伯利和米恩斯（1932）对公司的股权结构进行了深入分析，发现高度分散的股权结构是现代公司的重要特征，因而第二类代理问题引起了广泛的关注。第二类代理问题侧重于股东内部的利益冲突，即大股东与中小股东的利益冲突（LLS，1999）。大股东与公司利益存在较强的一致性，同时大股东也可能出于侵占小股东利益的目的，发生大量低效率的投资行为。

1. 有效监督假说

大股东持有公司高比例的股权，其利益与公司收益息息相关，是公司重大投资决策的重要参与者。公司的非效率投资将直接减损公司的价值，进而导致大股东收益的下降。大股东具有积极监督公司资源使用的动机，能够防止滥用公司资源，以及非效率投资的行为。大股东的专业能力、从业经验等多方面能力都远远优于小股东,具备监督公司投资行为的能力。因此,大股东有动机也有能力积极参与公司决策,抑制公司的非效率投资。

2. 控制权成本假说

大股东在参与和监督公司投资决策过程中,不仅可以从中获得收益,同时也存在较大的成本。大股东在收益和成本之间进行权衡,决定参与和监督公司投资决策的力度。外部融资成本较高,并且一旦经营不当,仍需按时还本付息,公司将面临较大的破产风险。当公司股权高度集中时,大股东的风险容忍能力相对较低,可能出于风险规避等原因,减少外部融资,造成公司投资可用资源不足,投资无法有效实施,发生投资不足。大股东出于维护其控制权地位,防止新发行股份造成其他股东高比例持股,威胁其控制地位,可能尽量减少外部的股权融资。另外,当公司业绩优良时,为防止新增股东对公司收益的分享,原有大股东将避免大规模的外部股权融资,导致公司缺乏必要的资源进行投资,发生投资不足。中小企业大股东宁愿将公司整体出售,也不愿意大规模发行新股,由其他股东共享收益,造成公司投资所需资源缺乏,发生投资不足(Cressy and Olofsson, 1997)。

3. 控制权收益假说

大股东可能以提高自身控制权收益为目标进行投资决策,进而导致公司的投资行为偏离最优化水平,发生非效率投资。法玛和詹森(Fama and Jensen, 1983)将大股东控制权收益定义为:大股东取得的超过其持有股份应得收益,额外获得的高额回报,表现为大小股东每股可获得收益的不平等。大股东持有每股股份除可获得与小股东相同金额的回报外,还会获得一笔额外的控制权收益。格罗斯曼和哈特(Grossman and Hart, 1980)研究发现,控制权收益是大股东掏空和侵占公司资源的一种方式,损害了小股东的利益。由于控制权收益的存在,造成了大小股东利益的不一致性,大股东出于提高个人利益,滥用公司资源,发生非效率投资。

第三节 信息不对称理论与非效率投资

一 信息不对称理论

(一) 信息不对称的含义及分类

新古典经济学假设信息是完全的,在此基础上研究市场均衡的实现条件。然而,现实中,信息并不是完全的,信息的搜寻和处理都不是免费的。阿克洛夫(Akerlof, 1970)通过旧车市场上的"柠檬问题"首次提出了信息不对称分析框架。在旧车市场中,只有卖方知道关于旧车的信息,买方对旧车的内在信息全然不知,仅能观察到旧车的外表。在这样的条件下,买方只愿支付平均价格购买旧车,这将导致出售高质量旧车的卖方,由于无法按照应有的价格出售而退出市场,市场中仅存出售低质量旧车的卖方。按照这样的方式,无限的循环,最终甚至可能导致旧车市场的消失。在此之后,信息不对称理论得到了广泛的关注,并涌现出来大量的研究成果。

信息不对称是指某些参与人拥有信息,而另一些参与人不拥有该信息,这可以通过不对称发生的时间和内容两个维度进行划分,信息不对称发生在当事人签约之前,为事前非对称,称为逆向选择;信息不对称发生在当事人签约之后,为事后非对称,称为道德风险。信息不对称内容为行为,为隐藏行动;内容为知识,则为隐藏信息(张维迎,2004)。信息不对称的具体分类见表2-1。

表2-1　　　　　　　　信息不对称的基本分类

	隐藏行动	隐藏信息
事前		3. 逆向选择 4. 信号传递 5. 信息甄别
事后	1. 隐藏行动的道德风险	2. 隐藏信息的道德风险

资料来源:张维迎:《博弈论与信息经济学》,上海三联书店2004年版,第二篇第五节。

1. 隐藏行动的道德风险

签约时，委托人和代理人拥有相同的信息（信息对称）；签约后，代理人的行动无法观测。以代理人努力程度（e）为例，委托人仅能观测到代理人努力的结果，这个结果由代理人的努力程度（e）和自然状态（ε）决定，却无法观测到代理人的努力程度（e）。委托人要设计一套合约，使代理人按照委托人利益最大化的方式行动。这套合约最优的设计方式是以代理人的努力程度（e）为标准，然而，由于努力程度（e）的不可观察性，合约仅可以按照委托人行动的结果进行设计。

2. 隐藏信息的道德风险

签约时，委托人和代理人拥有相同的信息（信息对称）；签约后，代理人能够观测到自然状态，并按照自然状态行动。由于委托人不具有完全的信息，委托人要设计一套合约，使代理人在自然状态下，按照委托人利益最大化行动（如实向委托人报告自然状态）。例如，管理者了解公司的投资机会等相关的信息，委托人尤其是小股东无法完全了解公司投资相关的信息，因此，要设计一套合约，使代理人尽量按照委托人利益最大化方式行动，降低非效率投资发生的可能性。

3. 逆向选择

逆向选择是事前信息不对称的一种形式。代理人拥有个人情况的信息（α），知道自己所属的类型，委托人知道代理人的信息（β），委托人拥有的关于代理人的信息小于代理人拥有的关于自己的信息，即β＜α，委托人缺乏代理人情况的完全信息，无法准确判断代理人的类型，可能发生"劣品驱逐良品"的问题。例如，管理者（代理人）了解自己的知识、能力、水平等多方面的信息，股东（委托人）拥有关于管理者的信息量小于管理者，股东在选择管理者时处于信息劣势地位。

4. 信号传递

信号传递是降低逆向选择的一种措施。代理人拥有自己的完全信息，委托人仅拥有部分信息。为了使委托人能够更深入地了解代理人的情况，更有效地区分代理人的类型，代理人会选择某些行为作为信息，向委托人传递自己的信息，以降低逆向选择发生的可能性。信息传递包括两个阶段：第一个阶段，处于信息优势的一方发出信息；第二个阶段，处于信息劣势的一方收到信息，并据此进行决策。例如，管理者（代理人）知道自己的类型，而股东（委托人）并不完全了解管理者的类型，管理者通过受教育水平、工作经历、业绩等多方面的信息，向股东传递自己高水平的信息。具有高质量内部控制的公司自愿聘用独立第三方（审计师），对公司内部控制进行审计，以向外界传递内部控制高质量的信息。

5. 信息甄别

代理人了解自己的情况，拥有完全的信息，委托人只拥有部分代理人的信息，处于信息劣势的状态。委托人为了使代理人的行动更有利于委托人，设计一系列的合约，让代理人自由选择。代理人了解自己的情况，可以根据自身的情况选择最有利于自己的合约，同时代理人按照自己选择的合约行动，也将最大化委托人的利益。信息甄别是降低信息不对称成本的一种有效的措施。

尽管信息经济学将信息不对称划分为以上五种类型，但实际的具体问题可能是涉及多种，甚至全部的五种类型，在后续的研究中并没有对以上五种类型的信息不对称问题进行严格的区分。委托—代理模型的研究中，更多以"隐藏行动的道德风险"为基础。

(二) 信息不对称理论分析

1. 基本模型：信息对称[①]

在此模型中，假设信息是完全的，即参与人具有相同的信息，已知的信息对于委托人和代理人是共同知识。合约由委托人提供，代理人选择是否接受该合约。由此产生的货币价值为 X，假设可能的结果是有限的，即 $X = \{x_1, x_2, \cdots, x_n\}$，结果取决于管理者（代理人）的努力程度（e）和随机元素（外部环境、国家政策、产业因素等），努力程度（e）条件下 x_i 的概率为：

---

① 信息经济学理论基础的分析主要参考 Ines, M. S. and David, P. J., *An Introduction to the Economics of Information Incentives and Contracts*, Oxford University Press, 2001。

$$Prob[x = x_i \mid e] = p_i(e) \quad i \in \{1, 2, \cdots, n\}$$

$$p_i(e) > 0, \text{且} \sum_{i=1}^{n} p_i(e) = 1$$

在存在不确定性条件下,可以使用效用函数度量管理者的风险偏好。委托人的效用函数表示为 B(x-w),其中,w 为委托人对代理人的支付,x-w 为委托人的利润。假设 $B' > 0$,$B'' \leq 0$ 即 B 为凹性的,委托人为风险中性或风险规避型的,其目标是追求利益最大化。代理人的效用函数 U(w, e) = u(w) - v(e),为代理人获得的支付与付出的努力程度的差,风险规避不会因为努力程度的不同而改变。假设 $u'(w) >$,$u''(w) \leq 0$,$v'(e) > 0$,$v''(e) \geq 0$,表明代理人是风险中性或风险规避的,工资给代理人带来的效用是工资的增函数,努力程度给代理人带来的负效用是努力程度的增函数,努力程度的效用不会递减。委托人和代理人的目标并不一致,委托人只追求结果 X,带来更关注努力程度 e。

外部机会给管理者提供一个预期效用（$\underline{U}$）即保留效用。只有委托人提供高于 $\underline{U}$ 的效用,管理者才会参与合约,这是管理者参与合约的最低要求,即参与约束。委托人需要在满足参与约束的基础上,追求自身利益最大化设计合约,具体的合约可由以下最优化问题的帕累托有效解得出：

$$\max_{[e,\{w(x_i)\}_{i=1,2,\cdots,n}]} \sum_{i=1}^{n} p_i(e) B[x_i - w(x_i)] \tag{2-1}$$

$$\text{s.t.} \quad \sum_{i=1}^{n} p_i(e) u[w(x_i)] - v(e) \geq \underline{U} \tag{2-2}$$

模型（2-2）为参与约束,对以上最优化问题进行求解：

$$L[e, w(x_i), \lambda] = \sum_{i=1}^{n} p_i(e) B[x_i - w(x_i)] +$$

$$\lambda \{\sum_{i=1}^{n} p_i(e) u[w(x_i)] - v(e) - \underline{U}\}$$

运用库恩—塔克条件来求解上述最优合约：

$$\frac{\partial L}{\partial w(x_i)}[w^0(x_i), e^0, \lambda^0] = -p_i(e^0) B'[x_i - w^0(x_i)] +$$

$$\lambda^0 p_i(e^0) u'[w^0(x_i)] = 0$$

得出 λ^0：

$$\lambda^0 = \frac{B'[x_i - w^0(x_i)]}{u'[w^0(x_i)]} \quad i \in (1, 2, \cdots, n) \quad (2-3)$$

式中，e^0 为有效的努力水平，w^0 为相关支出，λ^0 为乘数。λ^0 严格为正，否则有 $B'[x_i - w^0(x_i)] = 0$ 或 $u'[w^0(x_i)] = \infty$，由假定可知，这两种情况是无意义的，得出参与条件具有约束能力。由模型（2-3）可知，委托人和代理人的边际效应之比为 λ^0，为不变的常数。

2. 道德风险：事后信息不对称

签订合约后，委托人无法观测代理人的行为，或者即便能够观测，但也无法被证实（无法写入合约中）代理人发生为谋取个人私利而有损委托人的行为。为简化研究，假设代理人的努力程度只有高（e^H）和低程度（e^L），且 $v(e^H) > v(e^L)$，$p^H(p^H > 0)$ 和 $p^L(P^L > 0)$ 分别为两种努力程度下得到 x_i 的概率。高努力程度更容易获得好的结果，即：

$$\sum_{i=1}^{k} p_i^H < \sum_{i=1}^{k} p_i^L$$

如果委托人仅需代理人提供低努力程度，只需支付定额工资，道德风险就不存在了，与对称信息环境下一致。问题在于，委托人通常偏好高努力程度，而且代理人的努力程度又不能观测，无法区分结果由努力程度造成还是由随机因素造成的，因此，需要设计一套合约以满足委托人的目标。在设计合约时，应该保证满足激励相容约束，即代理人努力程度带来的预期效用大于对应的成本。具体的合约可由以下最优化问题的帕累托有效解得出：

$$\max_{\{w(x_i)\}_{i=1,2,\cdots,n}} \sum_{i=1}^{n} p^H [x_i - w(x_i)]$$

$$\text{s.t.} \quad \sum_{i=1}^{n} p_i^H u[w(x_i)] - v(e^H) \geq \underline{U}$$

$$\sum_{i=1}^{n} [p_i^H - p_i^L] u[w(x_i)] \geq v(e^H) - v(e^L) \quad (2-4)$$

模型（2-4）即为激励相容约束，对以上最优化问题进行求解，即求出满足库恩—塔克条件的解，构造拉格朗日函数：

$$L[w(x_i),\lambda_1,\lambda_2] = \sum_{i=1}^{n} p_i^H[x_i - w(x_i)] + \lambda_1\{\sum_{i=1}^{n} p_i^H u[w(x_i)] - v(e^H) - \underline{U}\} + \lambda_2\{\sum_{i=1}^{n}[p_i^H - p_i^L]u[w(x_i)] - v(e^H) + v(e^L)\}$$

对 $w(x_i)$ 求导得：

$$-p_i^H + \lambda_1 p_i^H \lambda_2'[w(x_i)] + \lambda_2[p_i^H - p_i^L]\lambda_2'[w(x_i)] = 0 \quad (i=1,2,\cdots,n) \tag{2-5}$$

由 $\sum_{i=1}^{n} p_i^H = \sum_{i=1}^{n} p_i^L = 1$ 得：

$$\lambda = \sum_{i=1}^{n} \frac{p_i^H}{\lambda_2[w(x_i)]} > 0$$

由模型（2-5）得：

$$\frac{1}{\lambda_2[w(x_i)]} = \lambda_1 + \lambda_2\left[1 - \frac{p_i^L}{p_i^H}\right] \quad (i=1,2,\cdots,n)$$

根据库恩—塔克条件，u_0 必须是非负的，同时，$\lambda_2 \neq 0$，否则将等同于信息对称条件。由此可知，$\lambda_2 > 0$，此约束的影子价格严格为正，道德风险加大了委托人的成本。p_i^L/p_i^H 越小，代理人获得的工资就越高，被称为似然比，表示传递 e^H 的准确度，即在 x_i 一定时，p_i^L/p_i^H 的减小，就是 e^H 概率的增加。

与信息对称的环境相比，此种条件下，委托人要促使代理人提供更多的努力，必须对其支付更多的报酬。信息对称条件下，委托人只有支付 U 即可得到预期效用，在事后信息不对称条件下，委托人必须采用差别支付的方式，实现同样的效果，但支付的成本更高，两种条件下成本的差异，即为代理成本。信息不对称条件下，代理人的效用并没有提高，委托人却要支付更多，造成了资源配置效率的降低。

3. 逆向选择：事前信息不对称

在签订合约前，代理人的信息优于委托人，代理人试图使用信息优势获利；而委托人寻求措施，降低信息劣势的缺陷。为简化分析，假设代理人有两种类型（好、坏），代理人自己知道所属的类型，委托人无法区分代理人的类型。对于好代理人努力的负效应为v(e)、坏代理人为kv(e)，代理人的效用函数分别为 $U^G(w, e) = u(w) - v(e)$、$U^B(w, e) = u(w) - kv(e)$。信息对称条件下的最优合约，在此条件下将变得不再是最优合约，因为好代理人出于个人利益，会更倾向于选择坏代理人的合约：

$$U^G(w^{B*}, e^{B*}) = u(w^{B*}) - v(e^{B*}) > u(w^{B*}) - kv(e^{B*}) = \underline{U}$$

因此，在设计合约时，不仅要求好、坏两种代理人都能接受，重要的是要促使不同类型的代理人自我选择属于自己类型的合约。也就是说，代理人如实选择合约所得的效用要大于欺诈选择的效用。好代理人出现的概率为q，坏代理人则为1-q。求解以下最优化问题，得出公司的最优合约：

$$\max_{\{(e^G, w^G), (e^B, w^B)\}} q[\prod(e^G) - w^G] + (1-q)[\prod(e^B) - w^B]$$

s.t. $\quad u(w^G) - v(e^G) \geq \underline{U}$

$\quad\quad u(w^G) - kv(e^G) \geq \underline{U}$

$\quad\quad u(w^G) - v(e^G) \geq u(w^B) - v(e^B)$

$\quad\quad u(w^B) - kv(e^B) \geq u(w^G) - kv(e^G)$

约束条件下，前两个约束为参与约束，后两个约束为自我选择约束或激励相容约束。最优合约$\{(e^G, w^G), (e^B, w^B)\}$为该环境下的最优解。

二 信息不对称理论对非效率投资的影响

（一）现有股东和潜在股东的信息不对称

现有股东和潜在股东信息不对称是指已投资于公司的股东与准备投资于该公司的股东之间的信息不对称，这种信息不对称造成了公司的融资约束问题。融资约束有广义和狭义两种含义，广义的融资约束认为，公司内部融资和外部融资的成本不同，由此导致的公司投资所需资金受到的约束，即为融资约束，根据这个概念，几乎所有公司都存在融资约束问题。狭义的融资约束认为，较高的资金成本导致公司投资所需资金难以满足，即为融资约束。

Myers 和 Majuf（1984）对信息不对称下公司的融资成本进行了研究，发现公司外部股权融资成本高于内源融资成本，很多公司面临融资约束问题，造成公司缺乏投资所需资金，发生投资不足。由于信息不对称的存在，外部投资者无法观测公司投资项目质量的高低，他们仅能按照平均价格予以定价并要求风险补偿，逆向选择问题由此而生。具有低质量投资项目的公司会继续留存在市场中进行大规模的融资，因为相对于其高风险的低质量投资项目，外部融资成本并不高，甚至相对较低；具有高质量投资项目的公司则会退出市场，因为定价偏差和风险补偿的存在，导致外源融资成本过高，在这样的条件下，使用外源融资所得资金进行投资的利润无法弥补高额的资本成本，造成"劣币驱逐良币"的后果。因此，公司在选择融资方式上存在偏好的顺序，即内源融资—债务融资—股权融资。融资约束产生的根源在于，资金提供者和资金需求者的目标函数不一致，以及融资过程中利益分配和风险承担不对等。低价发行股票，将降低老股东的收益，当计划发行的股票收益无法达到预期时，公司将放弃外部融资，造成投资可用资金缺乏，发生投资不足。对于具有低质量投资项目的公司，由于信息不对称的存在，外部人拥有公司情况的信息少于内部人，外部人无法区分所有公司项目的 NPV，所以，市场只能以平均价格对其进行估值，具有低 NPV 的公司可能会从发行因按照平均价格估值而高估的股票中获利，这样的公司会实施部分 NPV＜0 的项目，发生过度投资（Narayanan，1988）。当内源融资无法满足投资所需资金时，缺乏资金金额越大，融资约束程度越高，公司发生投资不足的程度就越大。

FHP（1988）发现，投资—现金流敏感度可以用于衡量公司的融资约束程度，他们首先采用股利支付情况对公司进行预分组，股利支付水平高的公司被划分为低融资约束的公司，股利支付水平低的公司被划分为高融资约束的公司，发现高融资约束的公司，存在较高的投资—现金流敏感性。之后，FHP 的研究得到了广泛的应用和检验。不过，KZ（1997）对投资—现金流敏感性度量融资约束的效果进行再检验，发现结果与 FHP 的研究结果正好相反。Cleary（1999）采用多元判别分析的方法构建 ZFC 指数来度量融资约束程度。拉蒙特等

(Lamont et al., 2001) 按照 KZ (1997) 的研究方法，在对样本数据进行预分类的基础上，进行 Ordered Logit 分析，利用估计系数构造 KZ 指数度量融资约束。阿尔梅达等（Almeida et al., 2004）构建现金—现金流敏感性度量融资约束。一直以来，融资约束的度量问题尚未能寻求到有效的方法，影响了其对公司投资行为研究的深入开发。

（二）股东和债权人之间的信息不对称

股东和债权人利益的不一致性，导致了股东和债权人之间的代理冲突。股东以股东价值最大化为目标，债权人以还本付息、资本的安全性和固定的回报为目标。股东以自身利益最大化为决策标准，在此过程中，可能存在侵占债权人利益、以提高股东收益的行为。在此类代理冲突下，信息不对称对公司非效率投资的影响，可能导致过度投资，也可能导致投资不足。

1. 信贷配给

股东和债权人之间的信息不对称造成的重要问题就是信贷配给（Jaffee and Russell, 1976）。债权市场和股票市场一样，存在逆向选择问题，斯蒂格利茨和韦斯（Stigliz and Weiss, 1981）正式构建模型，发现逆向选择造成了债务领域的信贷配给。事前，债权人无法观测到公司投资的实际情况，不同的公司有不同的风险和还款概率，但准债权人仅能按照相同风险程度计算利率，向所有公司要求相同的利率。风险大的公司更倾向于进行大规模债务融资，造成债券市场上的信贷配给。因此，具有高质量投资项目的公司无法获得足够的资金造成投资不足；而具有低质量投资项目的公司则发生过度投资。事后，过度负债将降低公司后续融资能力，仅当规定新债权人的偿还权优于旧债权人时，准债权人才可能愿意购买公司债务，因为当与之相反时，新债权人将面临较高的风险。而旧债权人通常不会允许新债权人具有优于自己的偿还权，甚至在公司偿还他们的债务之前，根本不允许公司发展新债。过度负债的公司，由于无法筹集足够的资金而导致投资不足。

2. 资产替代假说

资产替代是由于股东和债权人利益的不一致性所致，股东倾向于将债务融资投资于高风险项目，以获得较高的股东收益，大部分的风险和损失却由债权人承担。詹森（1976）研究发现，负债可能造成公司选择次优的投资项目，由于债权人无法完全监督股东，股东倾向于将债务融资投资于项目回报远远大于债务成本的高风险项目。如果投资成功，债权人仅可以按照债务契约获得规定的本息，巨大的投资收益将归股东所有；一旦投资失败，股东仅负担有限的责任，剩余损失将全部转嫁给债权人，债权人可能无法获得债务契约规定的全部利息，甚至可能损失本金。

3. 债务悬置假说

债务悬置假说认为，债务将成为股东的负担，导致公司投资不足（Myers，1977）。当公司进行投资时，股东承担了全部的相关成本，债权人将获得固定的收益，而股东却仅能获得扣除债权人收益后的投资收益，股东的成本与收益并不对等。当公司向外举借的负债超过一定比例时，股东可以获得的收益将变得相对较小，从而失去了投资（包括 NPN>0）的积极性。当债权人意识到这种问题存在时，就会向公司要求更高的债务回报，将提高公司的外部债务融资成本。当公司不具有高比例的负债时，公司将宁愿放弃部分优质的投资项目，也不愿大规模举借外债，发生投资不足；当公司已具有高比例的负债时，为了防止债权人高比例的利益分享，将放弃部分优质的投资项目，发生投资不足。

4. 负债相机治理假说

负债是抑制公司过度投资的一种有效措施（Stulz，1990）。管理者倾向于过度投资，即使将公司资源投资于净现值小于零的项目，管理者也可以随着公司规模的扩大，获得额外的收益。管理者可能会尽量减少现金股利的发放，因为现金股利减少了管理者可用于投资的公司资源，降低了公司可扩张的规模，从而减少了管理者随着公司规模增大而获得的个人私利。因此，当缺乏优良投资项目时，股东希望公司大规模地借入负债，负债可能降低管理者可以控制的自由现金流量，从而抑制公司的过度投资问题的发生。

第三章 我国非效率投资现状分析

投资行为是影响公司生存和长期发展的重大问题，本章对我国非效率投资现状进行分析，从而明确我国非效率投资的程度、数量和具体分布情况，为寻求抑制非效率投资的有效途径提供基础。本章首先对我国社会总体投资进行分析，在此基础上借鉴理查森（2006）的研究，采用回归分析方法对我国上市公司非效率投资的具体水平进行度量，分别从总体情况、动态变化、行业分布和地区分布对非效率投资、体制性非效率投资和技术性非效率投资现状进行分析。

第一节 我国投资行为现状分析

投资是拉动经济增长的重要因素，决定着社会经济的有效运行。近十年来，我国全社会资产投资和国内生产总值（GDP）总体上表现为不断上升的过程。表3-1是2001—2015年我国国内生产总值和全社会固定资产投资基本情况。由表3-1可以得知，我国国内生产总值从2001年的110863.1亿元增加到2015年的685505.8亿元，我国全社会固定资产投资总额从2001年的37213.5亿元增加到2015年的561999.8亿元，呈现出逐年增长的趋势。

表3-1　　　　2001—2015年我国国内生产总值和
全社会固定资产投资基本情况

年份	GDP（亿元）	投资总额（亿元）	上年增长（%）
2001	110863.1	37213.5	10.55344

续表

年份	GDP（亿元）	投资总额（亿元）	上年增长（%）
2002	121717.4	43499.9	9.790724
2003	137422.0	55566.6	12.90251
2004	161840.2	70477.4	17.76877
2005	187318.9	88773.6	15.74312
2006	219438.5	109998.2	17.14702
2007	270232.3	137323.9	23.14717
2008	319515.5	172828.4	18.23735
2009	349081.4	224598.8	9.253354
2010	413030.3	278121.9	18.31919
2011	489300.6	311485.1	18.46603
2012	540367.4	374694.7	10.43669
2013	595244.4	446294.1	10.1555
2014	643974.0	512020.7	8.186486
2015	685505.8	561999.8	6.449298

资料来源：有关年份《中国统计年鉴》。

近十年来，我国全社会固定资产投资构成基本情况大致如表3-2所示。我国全社会固定资产投资主要包括建筑安装工程、设备工具器具购置和其他费用，其中，建筑安装工程为我国固定资产投资的主要投向，2001—2015年，各年固定资产投资占全社会总投资的比重分别为 61.68%、61.10%、60.19%、60.73%、60.13%、60.71%、60.82%、60.73%、61.78%、61.61%、55.94%、64.27%、65.02%、66.87%、68.32%，由表3-2可知，我国企业将资源主要投资于企业生产能力、规模的提高和扩大。

表3-2　　　　我国全社会固定资产投资构成基本情况　　　　单位：亿元

年份	建筑安装工程	设备工具器具购置	其他费用
2001	22954.9	8833.8	5424.8
2002	26578.9	9884.5	7036.6
2003	33447.2	12681.9	9437.5

续表

年份	建筑安装工程	设备工具器具购置	其他费用
2004	42803.6	16527.0	11146.8
2005	53382.6	21422.9	13968.1
2006	66775.8	25563.9	17658.4
2007	83518.3	31574.8	22230.9
2008	104958.9	40594.1	27275.5
2009	138758.3	50844.2	34996.2
2010	(171351.8) 155580.5	(61681.5) 53842.8	(45088.5) 42260.5
2011	200195.7	65152.3	46137.1
2012	243617.5	77724.1	53353.1
2013	298434.2	91074.4	56795.5
2014	349789.0	101005.2	61226.4
2015	288163.5	111110.2	62726.1

资料来源：有关年份《中国统计年鉴》，2010年的相应数据进行了调整，括号内数字为原口径数据，未加括号的数字为调整后的新口径数。新口径数中，2010年为500万元起点以上数，同时，其中的城镇固定资产投资数据发布口径为固定资产投资（不含农户）。

高效的投资能够促进经济的高速增长，也是经济增长的重要拉动力。近年来，虽然我国经济持续发展，但也难免存在投资低效率等影响经济有效发展的问题。由于资源和消费需求等诸多方面的限制，过大规模超出合理水平的低效率投资将引发诸如经济结构扭曲、通货膨胀、原材料紧缺、能源供给不足等多方面的问题；过低规模的投资将造成资源闲置、经济发展动力不足等问题，进而影响经济的协调发展。投资效率的高低直接关系到国民经济的运行效率和经济结构的有效调整。

第二节 非效率投资的度量

一 非效率投资度量方法

非效率投资的度量一直是学术界关注的热点问题，不同学者从不同角度构建模型度量公司的非效率投资水平。概括地说，非效率投资的度量方式主要包括以下四种。

(一) 采用投资现金流敏感性来区分非效率投资类型

FHP 于 1988 年首次提出了投资现金流敏感性模型，通过该模型研究公司的融资约束水平。FHP 首先将样本公司按照股利支付水平进行分组，分别估计各组的投资现金流敏感性，发现股利支付越少的公司，其投资现金流敏感性越高，而随着股利支付的提高，投资现金流敏感性则有所下降。信息不对称造成公司外源融资成本高于内源融资成本，股利支付水平的高低可以反映公司面临的信息不对称程度，融资约束强的公司通过减少股利支付，降低对外部高成本资金的需求量。融资约束程度越大的公司，投资现金流敏感性也越大。

此后，该方法与詹森（1986）的自由现金流量理论相结合，通过分析投资现金流敏感性来区分公司非效率投资的类型，其理论基础为詹森（1986）的自由现金流量假说，即自由现金流量越多，发生过度投资的可能性越大，投资对现金流的依赖性更高。

但是，由于代理理论中的自由现金流量假说和融资约束理论都认为，投资和现金流之间具有正向关系，因此，无法区分投资现金流敏感性的真实动因，即投资现金流敏感性是由于公司发生过度投资造成的，还是融资约束的原因造成的，以此作为判断公司非效率投资类型可能存在偏差。同时，该模型只能判断公司非效率投资的类型，而无法有效度量非效率投资的具体程度，应用中存在较大的局限性。

(二) 现金流和投资机会交叉项来区分非效率投资类型

沃格特（Vogt，1994）在 FHP（1988）的基础上，采用现金流和投资机会交叉项来区分非效率投资的类型。不同的公司具有不同的特征，导致投资现金流敏感性的原因也存在差异。当托宾 Q 的均衡值小于 1 时，自由现金流量理论是投资现金流敏感性的动因；当托宾 Q 的均衡值大于 1 时，融资约束是投资现金流敏感性的动因。现金流存在约束的公司，托宾 Q 值和现金流对投资之间存在强正向影响，即可以通过分析现金流和托宾 Q 值的交叉项回归系数的符号来区分究竟是以上两种理论中的哪种理论起主导作用。当现金流和托宾 Q 值交叉项系数为负时，说明公司存在自由现金流量理论导致的过度投资问题；当现金流和托宾 Q 值交叉项系数为正时，说明公司存在融资约束导致的投资不足问题。

现金流和投资机会交叉项虽然能够克服投资现金流敏感性无法区分真实动因的缺陷，但该模型仍然只能从样本总体上区分非效率投资的类型，而无法具体到每家上市公司区分非效率投资的类型，更无法度量每家上市公司非效率投资的具体数值，因此，这种非效率投资的度量方法也存在较大的局限性。

(三) 采用投资风险变化程度来区分非效率投资类型

根据詹森和麦克林（Jensen and Meckling，1976）的资产替代假说，由于债权人仅能够获得股东的利息回报，股东具有将公司资源投资于高风险项目和具有负净现值项目的倾向，以获得高额回报。迈耶斯（Myers，1977）的债务悬置假说认为，当公司举债规模过大时，债权人获得高比例的投资收益，股东仅能获得扣除债权人收益后的投资收益，从而降低股东进行投资的积极性，发生投资不足。因此，可以通过选择项目的风险程度来判断公司非效率投资的类型，如果大规模投资于高风险性项目，则认为公司发生过度投资；如果大规模投资于低风险性项目，则认为公司发生投资不足。通过分析公司投资风险变化程度，如果公司投资后的风险大于投资前的风险，表明公司的非效率投资类型属于过度投资；如果公司投资后的风险小于投资前的风险，表明公司的非效率投资类型属于投资不足。

这种方法虽然能够克服前两种方法无法区分每家上市公司非效率投资类型的缺陷，但同样也只能对非效率投资的类型进行判别，而无法度量具体每家上市公司非效率投资的具体水平。

(四) 理查森非效率投资度量模型

由于以上几种方法都无法有效地度量每家上市公司非效率投资的具体数值，理查森（2006）创造性地提出了度量非效率投资的有效模型，并使用大样本数据对该模型进行检验，模型选取能够有效地影响公司投资水平的相关变量，通过回归分析，采用模型的残差作为公司非效率投资水平，若残差大于 0，则表明该公司非效率投资的类型为过度投资;残差的数值即为过度投资的具体数值;若残差小于0,则表明该公司非效率投资的类型为投资不足,残差的绝对值即为投资不足的具体数值。理查森非效率投资度量模型在国内外非效率投资相关研究中得到大量运用,已成为当前学术界普遍认可的度量非效率投资最为有效的方法之一。

因此,本书在已有研究的基础上,选取理查森非效率投资度量模型作为非效率投资的度量方式,在此基础上,对公司非效率投资的总体现状及体制性非效率投资和技术性非效率投资的现状进行分析,具体模型如下:

$$Inv_{i,t} = \alpha_0 + \alpha_1 Growth_{i,t-1} + \alpha_2 Lev_{i,t-1} + \alpha_3 Cash_{i,t-1} + \alpha_4 Age_{i,t-1} + \alpha_5 Size_{i,t-1} + \alpha_6 Ret_{i,t-1} + \alpha_7 Inv_{i,t-1} + \sum Ind + \sum Year + \varepsilon_{i,t}$$

(3-1)

式中,$Inv_{i,t}$为被解释变量,表示公司i第t年的投资总额,为固定资产净额、在建工程和工程物资的年度增加额($\Delta A_{i,t}$),除以平均资产(K)以消除规模影响。具体做法如下:

$$Inv_{i,t} = \frac{\Delta A_{i,t}}{K}$$

式(3-1)中,$Growth_{i,t-1}$为i公司$t-1$年的投资机会,使用托宾Q衡量公司的投资机会,具体做法为(股权市值+净债务市值)/资产,其中的非流通股市值用净资产替代。$Lev_{i,t-1}$为i公司第$t-1$年的资产负债率,计算方法为负债总额与资产之比。$Cash_{i,t-1}$为i公司第$t-1$年的现金持有量,计算方法为现金持有量与资产之比。$Age_{i,t-1}$为i公司第$t-1$年的上市年数,计算方法为公司上市年数的自然对数。$Size_{i,t-1}$为i公司第$t-1$年的公司规模,计算方法为总资产的自然对数。$Ret_{i,t-1}$为i公司第$t-1$期的考虑现金红利再投资的年回报率。$Inv_{i,t-1}$为i公司第$t-1$期的投资总额,计算方法同$Inv_{i,t}$。Ind为行业虚拟变量,其中,行业按中国证券监督委员会2001年颁布的《中国上市公司行业分类指引》进行分类,制造业取两位代码分类(C_2行业的公司数量较少,归入C_9行业中),其他行业取一位代码分类,当公司属于该行业时,取值为1,否则为0。$Year$为年份虚拟变量,当公司属于该年份时，取值是1，否则为0。

本书选取2007—2011年深沪两市主板上市公司为研究对象。2007年之前，我国上市公司内部控制信息披露比较零散，披露的实质性内容较少，信息含量较低，由于数据的局限而不适合进行实证研究。2007年之后，上市公司逐步以深沪两市《上市公司内部控制指引》为导向，完善内部控制制度，披露内部控制信息，并有越来越多的公司自愿聘请注册会计师对其内部控制进行审计，因此，本书从2007年开始选取样本公司数据作为研究对象。

本书所采用的数据主要来自香港中文大学和国泰安信息技术有限公司共同研发的国泰安（CSMAR）数据库，公司治理等部分数据来自上海万得信息技术股份有限公司研发的万得（Wind）数据库以及北京大学及北京色诺芬信息技术公司研发的色诺芬（CCER）数据库，内部控制信息通过阅读年报收集、整理。

根据本书的研究需要，按照以下方式对样本进行筛选，最终得到4517个样本。①

（1）由于金融类上市公司与其他行业的公司具有较大差异，因此剔除金融类上市公司样本。

（2）由于发行B股或H股的公司，托宾Q值无法有效度量，因此剔除发行B股或H股的上市公司样本。

（3）本书的研究需要连续三年的数据，因此剔除连续上市不足三年的样本。

（4）剔除数据缺失的样本，从而保证样本的完整性。

按照中国证券监督委员会2001年4月发布的《中国上市公司行业分类指引》，对样本公司进行行业分类，具体来讲，《中国上市公司行业分类指引》分为门类、大类两级，中类为支持性分类参考，总体编码使用层次编码法，类别编码使用顺序编码法，门类使用字母升序编码，制造业下次类为单字母加一位数字编码，大类为单字母加两位

---

① 为保证研究结论的准确性，本书所有被解释变量为非效率投资的实证研究均采用此样本。

数字编码,中类为单字母加四位数字编码。

本书按照一类代码分类对样本公司进行行业划分,由于制造业上市公司数量较多且存在较大差异,对其按照两位代码进行分类(C_2 行业的公司数量较少,归入 C_9 行业中),样本行业分布见表 3-3。

表 3-3　　　　　　　　　样本的行业分布

行业代码	行业名称	样本数
A	农林牧渔业	92
B	采掘业	149
C	制造业	217
C_1	纺织、服装和皮毛业	147
C_2	木材、家具（归入 C9 行业）	0
C_3	造纸和印刷业	71
C_4	石油、化学、塑胶和塑料业	471
C_5	电子业	169
C_6	金属和非金属业	364
C_7	机械设备和仪表业	629
C_8	医药和生物制品业	341
C_9	其他制造业	37
D	电力、煤气及水的生产和供应业	240
E	建筑业	101
F	交通运输和仓储业	176
G	信息技术业	207
H	批发和零售贸易	371
I	金融和保险业（已删除）	0
J	房地产业	384
K	社会服务业	109
L	传播和文化产业	62
M	综合类	180
总样本数	4517	

由图 3-1 和表 3-3 可知,样本公司分布前五大行业分别为机械

设备和仪表业（C_7），石油、化学、塑胶和塑料业（C_4），房地产业（J），批发和零售贸易（H），金属和非金属业（C_6）。

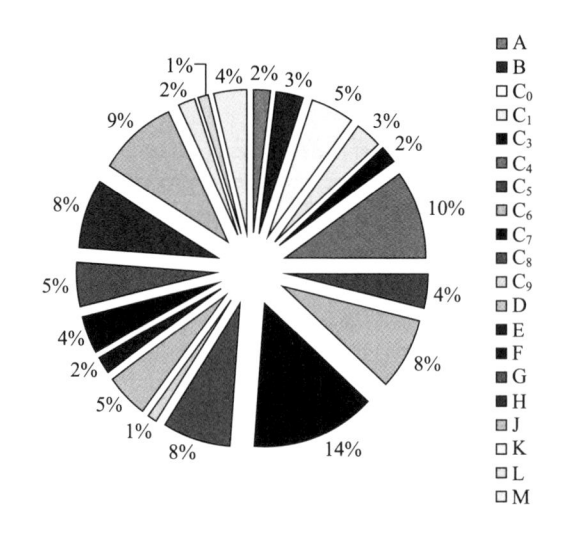

图 3-1　样本公司行业分布

使用样本公司数据对模型（3-1）进行回归分析，得到 i 公司 t 年的期望投资水平（Exp_Inv$_{i,t}$），然后用公司的实际投资水平减去期望投资水平，得出 i 公司 t 年的非效率投资（Ine_Inv$_{i,t}$）。若公司的非效率投资水平大于 0，则表明公司过度投资（Over_Inv$_{i,t}$），该值越大，公司的过度投资水平越高；若公司的非效率投资水平小于 0，则表明公司投资不足，对其取绝对值（Under_Inv$_{i,t}$），该值越大，公司的投资不足水平越高，具体表示为：

$Over\_Inv_{i,t} = Inv_{i,t} - Exp\_Inv_{i,t}$　　（当 $Inv_{i,t} - Exp\_Inv_{i,t} > 0$ 时）

$Under\_Inv_{i,t} = -(Inv_{i,t} - Exp\_Inv_{i,t})$　　（当 $Inv_{i,t} - Exp\_Inv_{i,t} < 0$ 时）

二　体制性非效率投资和技术性非效率投资的度量方法

由于非效率投资产生的内在机理不同，所以，相应的解决措施可能存在较大差异，为了寻求抑制非效率投资的有效途径，按照非效率投资产生的内在机理对其分类，将非效率投资划分为体制性非效率投资和技术性非效率投资。非效率投资产生的内在机理，内含于公司运作的整个过程,通过深入分析不同形成机理下非效率投资的不同表现形式,确定两类非效率投资的具体内容,度量两类非效率投资的具体水平。

由于体制性因素的影响,国有企业和民营企业的投资行为分别表现出不同的特征。体制性因素使国有企业高层管理者的非效率投资意愿更倾向于过度投资。其原因主要有以下三个方面:

第一,政府干预对国有企业的投资产生影响,促使其发生过度投资。由于国有企业的特殊性质,国有企业尤其是关系国计民生的重要行业,其投资活动不仅要符合自身企业价值最大化的目标,还要受到国家意志的影响,因而其投资活动较多地受到政府干预。政府作为实际控制人的国有企业,具有较强的行政化特征,投资决策并不是完全从市场的实际需求出发,还会考虑财政收入、就业、社会稳定等政治经济多方面的因素,这些因素将导致公司的投资意愿大于最优化投资水平,发生过度投资。在国有企业中,管理者可能出于自身的政治立场,依靠其拥有的权利,发生非效率投资(Shleifer and Vishny,1994)。

第二,国有企业高层管理者倾向于过度投资以谋取个人私利。国有企业管理者的收益与公司规模正相关,公司规模越大,管理者的社会地位、升迁机会及各种收入就越高,促使国有企业高层管理者的投资意愿倾向于过度投资。国有股东是公司的名义控制人,实际经营权通过层层授权委托给受托机构管理,受托机构缺乏监督管理的动力,存在所有者缺位问题。国有企业的董事长多由政府委派,还可能同时兼任总经理,内部人控制问题严重,高层管理者掌握了公司大量的决策权,可能出于机会主义动机,滥用公司资源为个人谋求私利,扭曲公司的投资意愿。国有企业管理者的激励机制尚不健全,管理者需要通过其他方式来弥补激励的不足。所有权与管理权的分离,使管理者的控制权收益远大于其承担的边际成本,"负盈不负亏"的权责关系使管理者偏好风险,热衷于过度投资,从事"帝国建造"等次优活动(梅丹,2009b)。

第三,预算软约束的存在,为国有企业的过度投资提供了资金支持,降低了过度投资的风险。国有企业面临较低的融资约束、较高的外部融资便利、较低的融资成本,为其进行过度投资提供了充分的资金。国有银行更可能出于政治目的而非营利目的来为国有上市公司提供债务融资(Brandt and Li,2003)。一旦投资失败,国有企业破产的概率也较低。国有企业拥有更多正式的政治关系,陷入财务困境时更容易获得政府的救济(孙铮等,2006)。综上所述,我国现有的体制环境导致国有企业高层管理者的非效率投资意愿更多地倾向于过度投资。

体制性因素使民营企业高层管理者的非效率投资意愿更倾向于投资不足,其原因主要有以下三个方面:

第一,由于我国银行存在金融歧视问题,民营企业具有较强的融资约束,缺乏投资所需的必要资金,导致投资不足。民营企业比国有企业具有更少的长期债务融资(江伟、李斌,2006),大部分银行贷款流向了国有企业,民营企业面临严重融资约束(Allen et al.,2005)。民营企业相对于国有企业而言,政治关系更少,债务的履约成本更高,违约的风险更大。在当前的体制背景下,民营企业存在"融资难、融资成本高、资金链容易断裂"等问题,这些问题都会影响公司的投资意愿,使其更易发生投资不足。

第二,相对于高风险的过度投资,民营企业高层管理者更倾向于采用其他方式侵占公司资源,导致公司缺乏投资所需资金,发生投资不足。与国有企业相比,民营企业高层管理者收益与公司规模的相关性相对较弱,而且民营企业过度投资的风险较高,一旦投资失败,民营企业很难获得国有企业那样的政府救济和资金支持,破产风险较大,因此,民营企业高层管理者的投资意愿一般不会表现为过度投资。民营企业的高层管理者同样具有侵占公司资源谋取个人私利的机会主义动机,只是与国有企业的方式有所不同而已。我国资本市场上不少通过买"壳"取得控制权的民营上市公司,高层管理者并不关心上市公司未来的声誉和发展前景,而是把上市公司当成他们的"提款机",甚至把上市公司掏空(许永斌、郑金芳,2007)。民营企业高层管理者更倾向于通过隧道挖掘,采取直接占用公司资金、以公司名义向银行贷款、利用公司为自己提供贷款担保和关联交易等更直接、更容易、更低风险的方式侵占公司资源。高层管理者对公司资源的大量侵占和掏空，使本来就面临较强融资约束、资金缺乏的民营上市公司投资可用资源进一步减少，导致公司的投资意愿低于期望投资水平，发生投资不足。

第三，民营企业的所有权人格化代表明确，预算约束硬，所有者必须为非效率投资买单。相对而言，所有者尤其是大股东对高层管理者的直接约束力强，很多情况下，大股东亲自上阵担任关键岗位的高级管理职务。出于维护所有者切身利益的本能考虑，民营企业一般在投资方面倾向于保守，不仅缺乏盲目扩大投资规模的冲动，而且会有意识地缩减投资规模。综上所述，我国现有的体制环境导致民营企业高层管理者的非效率投资意愿更多地倾向于投资不足。

技术性因素能够影响公司的投资行为，是造成非效率投资的重要原因。技术性因素对公司非效率投资的影响主要有以下四个方面：

第一，项目评估过程中的技术性错误，导致公司发生非效率投资。项目评估时，错误地估计了投资项目的收益和风险，导致NPV小于（或大于）零的项目被误判为NPV大于（或小于）零的项目，实施了本该放弃的项目，或放弃了应该实施的项目，导致公司过度投资或投资不足。

第二，预算失败导致公司发生非效率投资。预算失败高估了本年期望的投资规模，相关部门将本年高估的预算资金进行低效率的投资，发生过度投资；预算资金过低，高质量投资项目由于缺乏资金的支持而无法实施，造成投资不足。

第三，投资项目具体执行过程中的技术性错误，导致公司发生非效率投资。高层管理者可能具有适度（或非效率）的投资意愿，并且据此制订了投资计划。但在投资计划的具体执行过程中，由于各部门责权划分不合理、内部信息沟通障碍等问题，或执行过程中发生操作不当，导致实际的投资活动并没有完全按照高层管理者的意愿进行，发生（或加大）过度投资或投资不足。

第四，投资项目决策和评估过程中的关键决策人风险偏好的影响。对于高风险厌恶者可能出于风险规避，低估投资项目的收益、高估投资项目的风险，放弃部分 NPV 大于零的项目，发生投资不足。风险激进者可能进行高风险、大规模的投资，导致公司发生过度投资。

体制性因素和技术性因素对公司投资行为的影响，既可能是各自独立地发挥作用，也可能是彼此影响共同发挥作用。由于体制性因素和技术性因素对公司投资行为作用的复杂性和可获得信息的局限，因此，我们基于公司非效率投资表现出的不同特征，推断非效率投资产生的内在机理。如果体制性因素对非效率投资的影响大于技术性因素的影响，则认为该非效率投资属于体制性非效率投资；如果技术性因素对非效率投资的影响大于体制性因素的影响，则认为该非效率投资属于技术性非效率投资。由上述分析可知，技术性因素对非效率投资的影响不具有方向性，技术性错误既可以影响国有企业过度投资和投资不足，也可以影响民营企业过度投资和投资不足。体制性因素对非效率投资的影响具有方向性，体制性问题主要是增加了国有企业的过度投资和民营企业的投资不足。既然体制性因素对非效率投资的影响主要表现为以上两个方向，那么发生与之相反方向的非效率投资（国有企业的投资不足、民营企业的过度投资），很可能是由于技术性因素的影响较大，其作用大于体制性因素的影响。因此，国有企业的投资不足和民营企业的过度投资主要属于技术性非效率投资。国有企业的过度投资和民营企业的投资不足，尽管不乏技术性因素的影响，但体制性问题是主要影响因素，应该更多地属于体制性非效率投资。

既有研究表明，国有企业和民营企业存在过度投资和投资不足，并且其影响因素存在显著差异，从另一个方面表明非效率投资的分类方法具有一定的合理性。李培功、肖珉（2012）比较国有企业和非国有企业管理者任期对非效率投资的影响，发现国有企业中，管理者在实际任期时提高了公司的过度投资水平，预期任期与过度投资呈负相关的关系；非国有企业中，管理者实际任期和预期任期与过度投资的关系不显著。窦伟、刘星（2011）对不同产权性质公司的非效率进行了研究，对于国有企业，负债能够有效地抑制过度投资，随着股权集中度的提高，负债对过度投资的抑制作用表现为先减弱再增大的趋势，当股权处于集中状态下，负债对投资不足的影响不显著；对民营企业来说，负债能够降低公司的过度投资，激励公司的投资不足，这种激励效应会因股权集中度的提高而降低。李焰等（2011）研究发现，不同产权条件下，管理者背景对投资规模的影响具有明显的差异。杨兴全等（2010）通过实证研究发现，公司超额持有现金越多的公司，越容易发生过度投资，公司治理质量的提高可以抑制因过量持有现金导致的过度投资，国有上市公司中，公司治理对过度投资的抑制作用低于民营上市公司。王成方等（2010）研究发现，高层管理者更换并没有显著地提高公司的投资效率，高层管理者进行非效率投资面临着较小的离职风险，民营企业的"高层管理者变更—投资效率"敏感度大于国有企业，中央政府控制的公司，高层管理者变更能显著提高公司的投资效率。

杨清香等（2010）研究了不同产权性质下股权结构对公司非效率投资抑制作用，发现不同产权性质的公司，非效率投资存在较大的差异，控股股东持股比例能够显著提高公司非效率投资水平，外部大股东持股能够显著降低公司的非效率投资水平，对于国有企业，这种作用更为显著；而管理者持股对国有企业的非效率投资没有显著影响，对民营企业的非效率投资具有一定的抑制作用，机构投资者持股尚不能有效地抑制非效率投资，民营企业中非效率投资多数为投资不足，国有企业中非效率投资多数为过度投资。张敏等（2010）研究发现，无论是国有企业还是民营企业都具有过度投资的倾向，亏损民营企业的过度投资倾向强于盈利民营企业，盈利国有企业比亏损国有企业更倾向于过度投资，第一大股东持股比例可以抑制亏损国有企业和全部国有企业的过度投资，对盈利国有企业和民营企业的过度投资没有显著的影响，董事会会议次数越多，盈利国有企业和盈利民营企业的过度投资就越多。郝颖等（2010）研究了不同所有权性质上市公司非效率投资的特征，发现控制权收益越高，公司投资规模越大；投资对控制权收益的影响不受大股东持股比例的影响，地方企业集团控制的公司，控制权收益对股权投资和资本投资的敏感性最高，为中央控制公司的6倍和10倍，为地方国资委控制公司的1.9倍和3.3倍。

李远勤等（2009）研究发现，投资水平在不同年度具有较大的差异,法人股控制的公司,过度投资较少,国家股控制和民营股控制的公司过度投资行为较严重,大股东持股比例越高,过度投资越严重,具有投资机会的公司投资规模大于投资机会较少的公司。陈艳(2009)以国有上市公司为研究样本,发现股权结构能够影响国有上市公司的非效率投资,国有控股股东对非效率投资的抑制作用不显著,国有法人股控股股东能够有效地抑制公司的非效率投资,当存在高度集中或高度分散的股权结构时,国有控股股东不能显著地降低公司的非效率投资,相对控股结构能够有效地抑制公司的非效率投资。梅丹(2009a)研究公司治理对国有产权公司非效率投资的影响,发现代理问题和政府干预可能导致国有公司发生过度投资,隧道挖掘可能导致投资不足,中小股东对国有控股股东的制衡作用较小,相比于其他类型的国有公司,政府控制的公司更容易发生过度投资,中央控制公司的投资效率高于地方控制公司。袁玉平(2008)从代理成本视角对公司不同季度投资差异进行研究,发现控股股东性质对投资的季节分布具有显著的影响,国有控股股东控制的公司第四季度的投资支出显著高于前三个季度,非国有控股股东控制的公司,投资在四个季度中分布较均匀。张栋等(2008)研究第一大股东及其他治理机制对公司过度投资行为的影响,发现控股股东持股比例与过度投资呈倒"U"形关系,但股权集中度和股权制衡度对公司过度投资行为的影响不显著,产权性质能够影响过度投资。

在借鉴理查森(2006)的研究方法度量非效率投资水平的基础上,按照以上分类方法,进一步度量我国上市公司体制性非效率投资和技术性非效率投资的具体水平。

为了有效地度量非效率投资水平,采用样本公司数据对模型(3-1)进行OLS多元回归分析,具体回归结果见表3-4。

表3-4　　　　　　　　非效率投资度量模型回归结果

	系数	T值
截距	-0.175***	-6.178
Growth	0.003***	5.324

续表

	系数	T 值
Lev	−0.008***	−4.778
Cash	0.068***	5.804
Age	−0.001***	−2.890
Size	0.008***	6.900
Ret	0.007***	4.824
Inv	0.137***	12.934
行业	控制	
年份	控制	
调整的 R^2	0.142	

注：***、**和*分别表示1%、5%和10%的显著性水平，对被解释变量进行了2%的Winsorize处理。

表3-4是非效率投资度量模型的回归分析结果，该模型预期负债率和上市年数的回归系数显著为负，其他变量的回归系数显著为正，模型中所有解释变量的回归系数的符号都与预期相符，且均在1%的显著性水平下显著，与理查森（2006）的经验研究完全相符，模型调整的 R^2 为0.142，表明模型具有较高的解释力度。总体来说，非效率投资度量模型能够很好地估计企业的期望投资水平。

按照表3-4的回归结果，得到每家上市公司的非效率投资水平、体制性非效率投资水平和技术性非效率投资水平。

第三节 非效率投资现状分析

一 非效率投资总体现状分析

（一）非效率投资整体分析

为分析我国上市公司是否存在非效率投资和非效率投资的具体水平，对非效率投资（过度投资、投资不足）进行描述性统计，具体结果见表3-5。

表 3-5　　　　　　　　　非效率投资整体分析

	平均值	中位数	标准差	最大值	最小值
过度投资	0.065	0.032	0.078	0.371	0.000
投资不足	0.045	0.031	0.046	0.307	0.000

由表 3-5 的结果可知，我国上市公司存在非效率投资问题。样本中发生过度投资的公司为 1846 家，占全部样本的 40.87%；投资不足的公司为 2671 家，占全部样本的 59.13%，表明我国上市公司的非效率投资更多地表现为投资不足，与张功富、宋献中（2009）的研究结论一致。其研究发现，39.26% 的公司发生过度投资，60.74% 的公司发生投资不足。过度投资的均值为 0.065，最大值和最小值分别为 0.371 和 0；投资不足的均值为 0.045，最大值和最小值分别为 0.307 和 0，过度投资的整体均值大于投资不足的均值，表明过度投资的程度大于投资不足的程度。总体来说，从公司数量来看，我国上市公司中发生投资不足的公司多于过度投资的公司，但从非效率投资的程度来看，过度投资的程度高于投资不足的程度，与梅丹（2009）的研究结论基本一致。

（二）非效率投资动态分析

为研究非效率投资的动态情况，本书按年度对非效率投资（过度投资和投资不足）进行描述性统计，分析我国上市公司非效率投资的动态变化，结果见表 3-6。

表 3-6　　非效率投资动态分析（《企业内部控制基本规范》强制实施）

年份	平均值	中位数	标准差	最大值	最小值
	A 栏：过度投资				
2007	0.068	0.034	0.081	0.354	0.000
2008	0.070	0.040	0.079	0.371	0.000
2009	0.060	0.026	0.075	0.344	0.000
2010	0.064	0.031	0.080	0.348	0.000
2011	0.061	0.032	0.074	0.348	0.000

续表

年份	平均值	中位数	标准差	最大值	最小值
	B 栏：投资不足				
2007	0.054	0.036	0.054	0.293	0.000
2008	0.047	0.032	0.050	0.301	0.001
2009	0.043	0.031	0.041	0.259	0.000
2010	0.040	0.031	0.037	0.230	0.000
2011	0.040	0.027	0.042	0.307	0.000

由表 3-6 的结果可知，2007—2011 年，我国上市公司过度投资均值在 0.060—0.070 范围内波动，其中，2009 年过度投资的均值最低为 0.060，2008 年过度投资的均值最高为 0.070，过度投资总体程度基本稳定，具有波动减少的趋势。在此期间，我国上市公司投资不足的均值在 0.040—0.054，2011 年投资不足的均值最低为 0.040，2007 年投资不足的均值最高为 0.054，呈现出逐年递减的良好趋势。比较不同年份过度投资和投资不足的均值可以发现，2007—2011 年，每年过度投资的均值均大于投资不足的均值。2007—2011 年，发生投资不足的样本数量均大于发生过度投资的样本数量，且发生过度投资的样本数量具有下降的趋势。

内部控制是非效率投资的重要影响因素（李万福等，2010；李万福等，2011），我国《企业内部控制基本规范》及其配套指引要求自 2012 年起我国主板上市公司全面内部控制建设，因此，本书对企业内部控制基本规范及其配套指引实施后，上市公司的非效率投资展开动态分析，结果见表 3-7。

表 3-7　　　　　　　　非效率投资动态分析

年份	平均值	中位数	标准差	最大值	最小值
	A 栏：过度投资				
2012	0.062	0.032	0.082	0.432	0.000
2013	0.056	0.026	0.083	0.435	0.000

续表

年份	平均值	中位数	标准差	最大值	最小值
A 栏：过度投资					
2014	0.055	0.022	0.088	0.458	0.000
2015	0.046	0.020	0.075	0.445	0.000
B 栏：投资不足					
2012	0.038	0.026	0.045	0.304	0.000
2013	0.036	0.022	0.046	0.368	0.000
2014	0.036	0.025	0.041	0.290	0.000
2015	0.037	0.022	0.050	0.278	0.000

由表3-7的结果可知，2012—2015年，我国上市公司过度投资的均值在0.046—0.062，其中，2015年过度投资的均值最低为0.046，2012年过度投资的均值最高为0.062，具有逐年递减的趋势。在此期间，我国上市公司投足不足的均值在0.036—0.038，基本保持稳定状态。2012—2015年，《企业内部控制基本规范》及其配套指引强制实施，过度投资的均值均大于投资不足的均值。

（三）非效率投资行业分析

为研究非效率投资的行业分布情况，本书按行业对非效率投资（过度投资和投资不足）进行描述性统计，分析我国上市公司非效率投资在不同行业之间的分布，结果见表3-8、图3-2和图3-3。

表3-8　　　　　　　　　　非效率投资行业分析

	平均值	中位数	标准差	最大值	最小值
A 栏：过度投资					
A	0.043	0.022	0.063	0.341	0.000
B	0.099	0.050	0.098	0.301	0.000
C	0.070	0.037	0.083	0.341	0.001
C_1	0.043	0.016	0.060	0.297	0.000
C_3	0.104	0.069	0.102	0.354	0.002

续表

	平均值	中位数	标准差	最大值	最小值
A栏：过度投资					
C_4	0.085	0.063	0.079	0.339	0.001
C_5	0.074	0.036	0.089	0.347	0.001
C_6	0.089	0.063	0.089	0.352	0.001
C_7	0.054	0.029	0.069	0.343	0.000
C_8	0.043	0.023	0.052	0.371	0.000
C_9	0.084	0.050	0.079	0.264	0.007
D	0.115	0.090	0.100	0.330	0.000
E	0.040	0.023	0.057	0.346	0.001
F	0.109	0.094	0.086	0.325	0.000
G	0.045	0.023	0.064	0.325	0.000
H	0.054	0.028	0.067	0.323	0.000
J	0.027	0.017	0.039	0.344	0.000
K	0.106	0.068	0.103	0.348	0.000
L	0.117	0.066	0.122	0.347	0.001
M	0.059	0.027	0.071	0.348	0.001
B栏：投资不足					
A	0.033	0.020	0.039	0.182	0.001
B	0.067	0.059	0.051	0.301	0.002
C	0.040	0.032	0.039	0.219	0.000
C_1	0.034	0.031	0.027	0.150	0.000
C_3	0.053	0.038	0.058	0.258	0.002
C_4	0.052	0.042	0.042	0.259	0.000
C_5	0.037	0.031	0.036	0.219	0.001
C_6	0.053	0.045	0.043	0.246	0.000
C_7	0.033	0.025	0.032	0.211	0.001
C_8	0.037	0.024	0.040	0.200	0.000
C_9	0.040	0.032	0.042	0.201	0.000
D	0.072	0.057	0.059	0.293	0.001
E	0.035	0.019	0.046	0.179	0.000
F	0.071	0.055	0.059	0.307	0.001
G	0.032	0.019	0.037	0.213	0.000
H	0.037	0.022	0.043	0.211	0.000

续表

	平均值	中位数	标准差	最大值	最小值
B栏：投资不足					
J	0.035	0.014	0.048	0.190	0.000
K	0.061	0.049	0.056	0.275	0.001
L	0.056	0.041	0.051	0.228	0.000
M	0.047	0.022	0.057	0.209	0.001

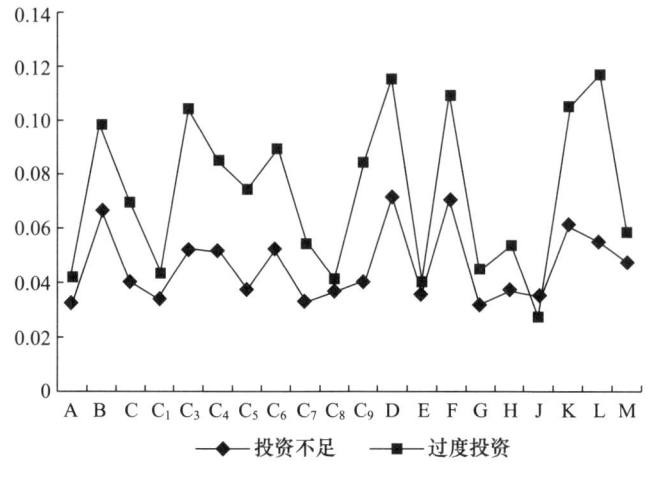

图 3-2 非效率投资行业均值分布

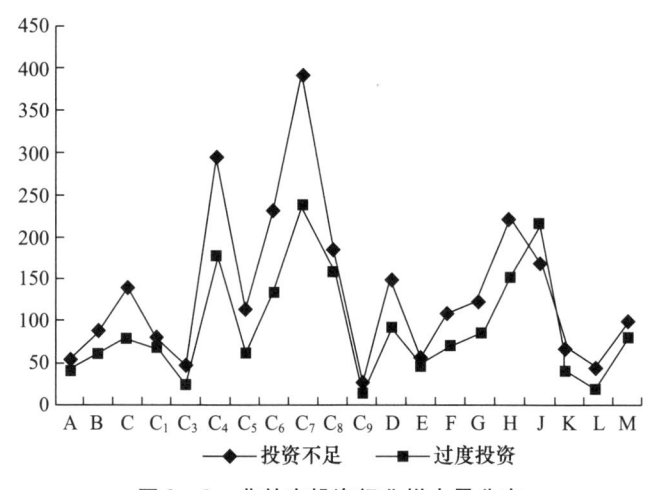

图 3-3 非效率投资行业样本量分布

由表 3-8 的结果可知,过度投资均值最高的 5 个行业分别为传播和文化产业,电力、煤气及水的生产和供应业,交通运输和仓储业,社会服务业,造纸和印刷业。过度投资均值最低的 5 个行业分别为房地产业,建筑业,医药和生物制品业,纺织、服装和皮毛业,农林牧渔业。过度投资问题最严重的行业均值为 0.117,过度投资程度最低的行业均值 0.027,过度投资问题最严重的行业的均值是程度最低行业均值的 4.3 倍。投资不足均值最高的 5 个行业分别是电力、煤气及水的生产和供应业,交通运输和仓储业,采掘业,社会服务业,传播和文化产业,投资不足均值最低的 5 个行业分别为信息技术业,农林牧渔业,机械设备和仪表业,纺织、服装和皮毛业,建筑业。投资不足问题最严重的行业均值为 0.072,投资不足程度最低的行业均值为 0.032,投资不足问题最严重的行业的均值是程度最低行业均值的 2.25 倍,低于过度投资的 4.3 倍。从行业均值分布来看,除房地产行业外,其他行业过度投资的均值都高于投资不足的均值,但是,从发生非效率投资的公司数量来看,几乎所有行业发生投资不足的公司的数量要高于发生过度投资的公司的数量。

(四) 非效率投资地区分析

为研究非效率投资的地区分布情况,本书按地区对非效率投资(过度投资和投资不足)进行描述性统计,分析我国上市公司非效率投资在不同地区之间的分布[1],结果见表 3-9、图 3-4 和图 3-5。

由表 3-9 的结果可知,过度投资问题最严重的地区为西北地区均值为 0.085,均值最低的地区为华东地区为 0.055,过度投资问题最严重的地区的均值是程度最低地区均值的 1.55 倍。投资不足均值最高的地区东北为 0.051,投资不足均值最低的地区为华中和华东,均值为 0.042,投资不足问题最严重的地区的均值是程度最低地区均

---

[1] 东北地区包括辽宁省、吉林省和黑龙江省;华北地区包括北京市、天津市、河北省、山西省和内蒙古自治区;华东地区包括上海市、江苏省、浙江省、安徽省、福建省、江西省和山东省;华南地区包括广东省、海南省和广西壮族自治区;华中地区包括河南省、湖北省和湖南省;西北地区包括陕西省、甘肃省、青海省、宁夏回族自治区和新疆维吾尔自治区;西南地区包括重庆市、四川省、贵州省、云南省和西藏自治区。

值的 1.21 倍,略低于过度投资的 1.55 倍。

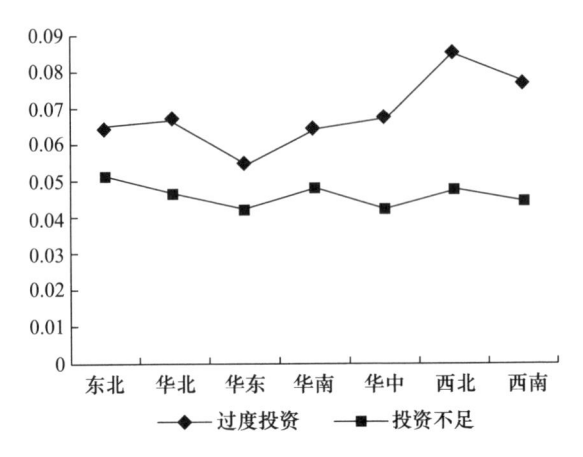

图 3-4 非效率投资地区均值分布

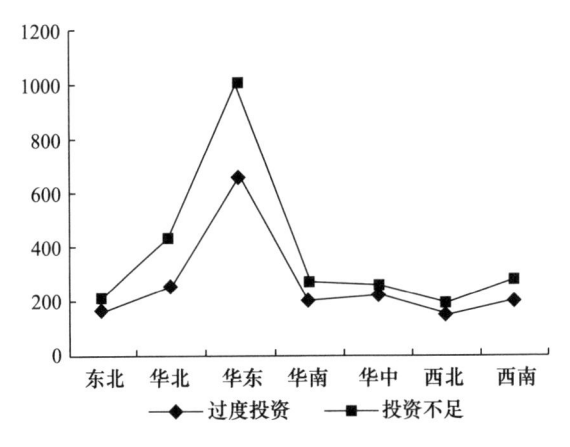

图 3-5 非效率投资地区样本量分布

表 3-9 非效率投资地区分析

	平均值	中位数	标准差	最大值	最小值
A 栏:过度投资					
东北	0.064	0.031	0.077	0.321	0.000
华北	0.067	0.034	0.076	0.330	0.000
华东	0.055	0.027	0.070	0.347	0.000
华南	0.064	0.035	0.077	0.347	0.000

续表

	平均值	中位数	标准差	最大值	最小值
A栏：过度投资					
华中	0.067	0.031	0.086	0.352	0.000
西北	0.085	0.049	0.087	0.371	0.001
西南	0.077	0.040	0.088	0.346	0.000
B栏：投资不足					
东北	0.051	0.036	0.052	0.247	0.001
华北	0.046	0.031	0.046	0.246	0.000
华东	0.042	0.030	0.042	0.301	0.000
华南	0.048	0.032	0.047	0.231	0.000
华中	0.042	0.032	0.047	0.307	0.000
西北	0.048	0.030	0.050	0.258	0.000
西南	0.044	0.033	0.045	0.259	0.000

二 体制性非效率投资的现状分析

（一）体制性非效率投资整体分析

为分析我国上市公司体制性非效率投资的具体水平，对体制性非效率投资（国有企业的过度投资和民营企业的投资不足）进行描述性统计，结果见表3-10。

表3-10　　　　　体制性非效率投资整体分析

	平均值	中位数	标准差	最大值	最小值
过度投资	0.067	0.034	0.079	0.352	0.000
投资不足	0.045	0.030	0.047	0.301	0.000

由表3-10的分析结果可知，体制性非效率投资中，过度投资的均值为0.067，最大值和最小值分别为0.352和0；投资不足的均值为0.045，最大值和最小值分别为0.301和0，过度投资的整体均值大于投资不足的均值，表明体制性非效率投资中过度投资的程度大于投资不足的程度。

(二) 体制性非效率投资动态分析

为研究体制性非效率投资的动态情况,本书按年度对体制性非效率投资进行描述性统计,分析我国上市公司体制性非效率投资的动态变化,为寻求抑制非效率投资的有效途径提供现实基础,结果见表 3-11。

表 3-11　　　　　　体制性非效率投资动态分析

年份	平均值	中位数	标准差	最大值	最小值
A 栏：过度投资					
2007	0.064	0.031	0.077	0.352	0.000
2008	0.075	0.044	0.079	0.341	0.000
2009	0.064	0.026	0.078	0.343	0.000
2010	0.063	0.030	0.078	0.348	0.000
2011	0.070	0.036	0.082	0.348	0.000
B 栏：投资不足					
2007	0.052	0.033	0.052	0.218	0.000
2008	0.049	0.032	0.052	0.301	0.001
2009	0.043	0.030	0.041	0.191	0.001
2010	0.041	0.030	0.041	0.215	0.000
2011	0.039	0.025	0.046	0.247	0.000

由表 3-11 的结果可知,2007—2011 年,我国上市公司体制性非效率投资中,过度投资均值在 0.063—0.075 范围内波动,其中 2010 年过度投资的均值最低为 0.063,2008 年过度投资的均值最高为 0.075。在此期间,我国上市公司投资不足的均值在 0.039—0.052,2011 年投资不足的均值最低为 0.039,2007 年投资不足的均值最高为 0.052,表现出逐年减少的趋势。比较不同年份体制性非效率投资中,过度投资和投资不足的均值可以发现,2007—2011 年,每年体制性非效率投资中过度投资的均值均大于投资不足的均值。

既有研究表明内部控制是非效率投资的重要影响因素,我国《企业内部控制基本规范》及其配套指引要求我国主板上市公司2012年起全面内部控制建设,并有外部审计师出具内部控制的审计意见,因此,本书对《企业内部控制基本规范》及其配套指引强制实施后,体制性非效率投资展开动态分析,结果见表3-12。

表3-12 体制性非效率投资动态分析(《企业内部控制基本规范》强制实施)

年份	平均值	中位数	标准差	最大值	最小值
A栏:过度投资					
2012	0.062	0.035	0.077	0.432	0.000
2013	0.057	0.028	0.081	0.435	0.000
2014	0.060	0.024	0.094	0.458	0.000
2015	0.046	0.019	0.075	0.433	0.000
B栏:投资不足					
2012	0.036	0.023	0.045	0.299	0.000
2013	0.034	0.021	0.040	0.241	0.000
2014	0.031	0.025	0.034	0.290	0.000
2015	0.036	0.022	0.052	0.278	0.001

由表3-12的结果可知,2012—2015年体制性非效率投资中,过度投资均值在0.057—0.062,其中,2015年过度投资的均值最低为0.046,2012年过度投资的均值最高为0.062。在此期间,体制性非效率投资中,投资不足均值在0.031—0.036,2014年投资不足的均值最低为0.031,2012年和2014年投资不足的均值最高为0.036。由此可知,2012—2015年《企业内部控制基本规范》强制实施后,体制性非效率投资中过度投资的均值均大于投资不足的均值。

(三) 体制性非效率投资行业分析

为研究体制性非效率投资的行业分布,本书按行业对体制性非效率投资进行描述性统计,分析我国上市公司体制性非效率投资在不同行业中的分布情况,结果见表3-13。

表 3-13　　　　　　　　体制性非效率投资行业分析

	平均值	中位数	标准差	最大值	最小值
A 栏：过度投资					
A	0.046	0.022	0.073	0.341	0.001
B	0.099	0.050	0.099	0.301	0.000
C	0.058	0.033	0.062	0.294	0.001
C_1	0.029	0.015	0.045	0.211	0.001
C_3	0.105	0.092	0.088	0.245	0.002
C_4	0.085	0.066	0.075	0.326	0.001
C_5	0.065	0.027	0.086	0.328	0.002
C_6	0.087	0.063	0.085	0.352	0.001
C_7	0.055	0.027	0.071	0.343	0.000
C_8	0.042	0.023	0.047	0.292	0.000
D	0.115	0.090	0.100	0.330	0.000
E	0.046	0.026	0.063	0.346	0.001
F	0.106	0.092	0.083	0.287	0.000
G	0.038	0.016	0.058	0.302	0.001
H	0.049	0.020	0.066	0.323	0.001
J	0.019	0.013	0.022	0.095	0.000
K	0.105	0.060	0.105	0.348	0.000
L	0.117	0.066	0.122	0.347	0.001
M	0.060	0.036	0.068	0.348	0.002
B 栏：投资不足					
A	0.025	0.013	0.031	0.113	0.001
B	0.092	0.068	0.081	0.301	0.010
C	0.040	0.033	0.043	0.219	0.000
C_1	0.038	0.034	0.031	0.150	0.000
C_3	0.030	0.031	0.022	0.078	0.002
C_4	0.052	0.041	0.041	0.209	0.001
C_5	0.036	0.028	0.039	0.219	0.001
C_6	0.057	0.049	0.044	0.218	0.000
C_7	0.040	0.029	0.041	0.195	0.001
C_8	0.043	0.025	0.046	0.200	0.000

续表

	平均值	中位数	标准差	最大值	最小值
B栏：投资不足					
C_9	0.049	0.046	0.046	0.201	0.000
D	0.079	0.067	0.061	0.241	0.015
E	0.031	0.013	0.044	0.160	0.001
F	0.090	0.064	0.080	0.247	0.007
G	0.041	0.021	0.051	0.212	0.000
H	0.034	0.019	0.041	0.190	0.000
J	0.039	0.019	0.047	0.181	0.001
K	0.069	0.058	0.065	0.275	0.001
L	0.035	0.040	0.017	0.047	0.006
M	0.045	0.013	0.060	0.209	0.002

由表3-13的结果可知，体制性非效率投资中，过度投资均值最高的5个行业分别为传播和文化产业，电力、煤气及水的生产和供应业，交通运输和仓储业，造纸和印刷业，社会服务业。过度投资均值最低的5个行业分别为房地产业，纺织、服装皮毛业，信息技术业，医药、生物制品业和建筑业。过度投资问题最严重的行业均值为0.117，过度投资程度最低的行业均值0.019，过度投资问题最严重的行业的均值是程度最低行业均值的6.16倍。

体制性非效率投资中，投资不足均值最高的5个行业分别是采掘业，交通运输和仓储业，电力、煤气及水的生产和供应业，社会服务业，金属和非金属业，投资不足均值最低的5个行业分别为农林牧渔业、造纸和印刷业、建筑业、批发和零售贸易业、传播和文化产业。投资不足问题最严重的行业均值为0.092，投资不足程度最低的行业均值0.025，投资不足问题最严重的行业的均值是程度最低行业均值的3.68倍，低于过度投资的6.16倍。

（四）体制性非效率投资地区分析

为研究体制性非效率投资的地区分布情况，本书按地区对体制性非效率投资进行描述性统计，分析我国上市公司体制性非效率投资在不同地区之间的分布,结果见表3-14。

表3-14　　　　　　　体制性非效率投资地区分析

	平均值	中位数	标准差	最大值	最小值
A栏：过度投资					
东北	0.077	0.037	0.087	0.321	0.000
华北	0.068	0.035	0.077	0.330	0.000
华东	0.055	0.024	0.070	0.347	0.000
华南	0.072	0.042	0.081	0.323	0.000
华中	0.075	0.039	0.089	0.352	0.000
西北	0.078	0.045	0.077	0.301	0.001
西南	0.075	0.038	0.085	0.346	0.000
B栏：投资不足					
东北	0.052	0.024	0.062	0.247	0.001
华北	0.047	0.036	0.045	0.212	0.000
华东	0.040	0.029	0.041	0.301	0.000
华南	0.047	0.027	0.051	0.208	0.000
华中	0.041	0.030	0.046	0.275	0.000
西北	0.055	0.035	0.056	0.219	0.000
西南	0.048	0.034	0.045	0.218	0.000

由表3-14的结果可知,过度投资问题最严重的地区是西北均值为0.078,均值最低的地区是华东地区为0.055,过度投资问题最严重的行业的均值是程度最低行业均值的1.42倍。投资不足均值最高的地区西北的均值为0.055,投资不足均值最低的地区是华东,均值为0.040,投资不足问题最严重的地区的均值是程度最低地区均值的1.38倍,略低于过度投资的1.42倍。

三　技术性非效率投资的现状分析

(一)技术性非效率投资整体分析

为分析我国上市公司技术性非效率投资的具体水平,对技术性非效率投资(国有企业的投资不足和民营企业的过度投资)进行描述性统计,结果见表 3-15。

表 3-15　　　　　　　技术性非效率投资整体分析

	平均值	中位数	标准差	最大值	最小值
过度投资	0.060	0.031	0.077	0.371	0.000
投资不足	0.045	0.032	0.045	0.307	0.000

从表 3-15 的结果可知,技术性非效率投资中,过度投资的均值为 0.060,最大值和最小值分别为 0.371 和 0;投资不足的均值为 0.045,最大值和最小值分别为 0.307 和 0。技术性非效率投资中过度投资的均值小于体制性非效率投资中过度投资的均值 0.067。

(二) 技术性非效率投资动态分析

为研究技术性非效率投资的动态情况,本书按年度对技术性非效率投资进行描述性统计,分析我国上市公司技术性非效率投资的动态变化,结果见表 3-16。

表 3-16　　　　　　　技术性非效率投资动态分析

年份	平均值	中位数	标准差	最大值	最小值
		A 栏:过度投资			
2007	0.076	0.042	0.090	0.354	0.000
2008	0.061	0.028	0.079	0.371	0.000
2009	0.051	0.026	0.067	0.344	0.000
2010	0.066	0.033	0.084	0.341	0.000
2011	0.049	0.025	0.058	0.302	0.000
		B 栏:投资不足			
2007	0.056	0.038	0.055	0.293	0.000
2008	0.046	0.034	0.049	0.287	0.001
2009	0.043	0.031	0.042	0.259	0.000
2010	0.040	0.031	0.035	0.230	0.000
2011	0.040	0.028	0.039	0.307	0.000

由表 3-16 的结果可知,2007—2011 年,我国上市公司技术性非

效率投资中，过度投资均值在 0.049—0.076 范围内波动，其中，2011 年过度投资的均值最低为 0.049，2007 年过度投资的均值最高为 0.076。在此期间，我国上市公司投资不足的均值在 0.040—0.056，2011 年和 2010 年投资不足的均值最低为 0.040，2007 年投资不足的均值最高为 0.056，表现出逐年减少的趋势。

内部控制是非效率投资的重要影响因素，我国《企业内部控制基本规范》及其配套指引要求我国主板上市公司 2012 年起全面内部控制建设，本书对《企业内部控制基本规范》及其配套指引强制实施后，技术性非效率投资展开动态分析，结果见表 3-17。

表 3-17 技术性非效率投资动态分析（《企业内部控制基本规范》强制实施）

年份	平均值	中位数	标准差	最大值	最小值
			A 栏：过度投资		
2012	0.062	0.028	0.092	0.405	0.000
2013	0.054	0.023	0.087	0.434	0.000
2014	0.045	0.017	0.073	0.444	0.000
2015	0.048	0.021	0.075	0.445	0.000
			B 栏：投资不足		
2012	0.039	0.027	0.046	0.304	0.000
2013	0.038	0.022	0.049	0.368	0.000
2014	0.038	0.025	0.044	0.248	0.000
2015	0.038	0.025	0.044	0.248	0.000

从表 3-17 的结果可知，2012—2015 年，我国上市公司技术性非效率投资中，过度投资的均值在 0.045—0.062，其中，2014 年过度投资的均值最低为 0.045，2012 年过度投资的均值最该为 0.062。该期间，投资不足的均值在 0.038—0.039，基本保持稳定。由此可知，《企业内部控制基本规范》及其配套指引强制实施后，技术性非效率投资中过度投资的均值均大于投资不足的均值。

(三) 技术性非效率投资行业分析

为研究技术性非效率投资的地区分布情况，本书按地区对技术性非效率投资进行描述性统计，分析我国上市公司技术性非效率投资在不同地区之间的分布，结果见表3-18。

表3-18　　　　　　　技术性非效率投资行业分析

	平均值	中位数	标准差	最大值	最小值
A栏：过度投资					
A	0.036	0.022	0.040	0.112	0.000
B	0.098	0.055	0.096	0.295	0.005
C	0.090	0.039	0.108	0.341	0.001
C_1	0.054	0.033	0.069	0.297	0.000
C_3	0.101	0.034	0.123	0.354	0.010
C_4	0.085	0.044	0.095	0.339	0.001
C_5	0.081	0.039	0.091	0.347	0.001
C_6	0.101	0.062	0.104	0.298	0.003
C_7	0.052	0.033	0.063	0.327	0.001
C_8	0.044	0.020	0.056	0.371	0.000
C_9	0.084	0.050	0.079	0.264	0.007
D	0.118	0.094	0.111	0.271	0.012
E	0.025	0.016	0.033	0.121	0.001
F	0.158	0.162	0.119	0.325	0.007
G	0.060	0.033	0.073	0.325	0.000
H	0.062	0.044	0.068	0.300	0.000
J	0.033	0.021	0.048	0.344	0.000
K	0.108	0.082	0.104	0.276	0.004
M	0.058	0.026	0.076	0.253	0.001
B栏：投资不足					
A	0.038	0.026	0.044	0.182	0.002
B	0.062	0.057	0.043	0.232	0.002
C	0.039	0.032	0.036	0.201	0.001
C_1	0.025	0.024	0.016	0.059	0.002
C_3	0.060	0.043	0.063	0.258	0.003
C_4	0.051	0.042	0.042	0.259	0.000

续表

	平均值	中位数	标准差	最大值	最小值
B栏：投资不足					
C_5	0.038	0.031	0.034	0.179	0.001
C_6	0.051	0.044	0.043	0.246	0.001
C_7	0.030	0.025	0.027	0.211	0.001
C_8	0.029	0.022	0.028	0.194	0.001
C_9	0.019	0.015	0.016	0.047	0.001
D	0.071	0.057	0.059	0.293	0.001
E	0.037	0.022	0.047	0.179	0.000
F	0.068	0.055	0.057	0.307	0.001
G	0.027	0.018	0.028	0.213	0.001
H	0.038	0.024	0.044	0.211	0.000
J	0.032	0.011	0.048	0.190	0.000
K	0.056	0.048	0.049	0.199	0.003
L	0.058	0.045	0.053	0.228	0.000
M	0.049	0.025	0.054	0.208	0.001

由表3-18的结果可知，技术性非效率投资中，过度投资均值最高的5个行业分别为交通运输和仓储业，电力、煤气及水的生产和供应业，社会服务业，造纸印刷业，金属和非金属业，过度投资均值最低的5个行业分别为建筑业、房地产业、农林牧渔业、医药和生物制品业、机械设备和仪表业。过度投资问题最严重的行业均值为0.158，过度投资程度最低的行业均值为0.025，过度投资问题最严重的行业的均值是程度最低行业均值的6.32倍。

技术性非效率投资中，投资不足均值最高的5个行业分别为电力、煤气及水的生产和供应业、交通运输和仓储业、采掘业、造纸和印刷业、传播和文化产业，投资不足均值最低的5个行业分别为其他制造业，纺织、服装皮毛业，信息技术业，医药和生物制品业，机械设备和仪表业。投资不足问题最严重的行业均值为0.071，投资不足程度最低的行业均值0.019，投资不足问题最严重的行业的均值是程度最低行业均值的 3.74 倍。

(四) 技术性非效率投资地区分析

为分析技术性非效率投资的地区分布情况,本书按地区对技术性非效率投资进行描述性统计,分析我国上市公司技术性非效率投资在不同地区之间的分布,结果见表 3-19。

表 3-19　　　　　　　　技术性非效率投资地区分布

	平均值	中位数	标准差	最大值	最小值
A 栏:过度投资					
东北	0.041	0.027	0.047	0.248	0.000
华北	0.059	0.030	0.069	0.294	0.000
华东	0.055	0.031	0.069	0.339	0.000
华南	0.057	0.029	0.073	0.347	0.000
华中	0.050	0.019	0.076	0.341	0.000
西北	0.103	0.051	0.109	0.371	0.002
西南	0.080	0.043	0.094	0.334	0.000
B 栏:投资不足					
东北	0.051	0.040	0.045	0.208	0.001
华北	0.046	0.030	0.046	0.246	0.000
华东	0.043	0.031	0.042	0.287	0.000
华南	0.049	0.038	0.044	0.231	0.001
华中	0.042	0.032	0.048	0.307	0.000
西北	0.045	0.028	0.047	0.258	0.000
西南	0.042	0.033	0.045	0.259	0.000

由表 3-19 的结果可知,技术性非效率投资中,过度投资问题最严重的地区为西北,均值为 0.103,过度投资均值最低的地区是东北地区为 0.041,过度投资问题最严重地区的均值是程度最低地区均值的 2.51 倍。技术性非效率投资中,投资不足均值最高的地区东北为 0.051,投资不足均值最低的地区是华中和西南,均值为 0.042,投资不足问题最严重的地区的均值是程度最低地区均值的 1.21 倍,低于

过度投资的 2.51 倍，由此可知，我国上市公司技术性非效率投资（过度投资和投资不足）在不同地区存在显著差异。

总体来说，本章在对我国上市公司非效率投资进行有效计量的基础上，对非效率投资的现状进行分析。本章首先对社会总投资的现状进行分析，明确投资与经济增长的关系。然后，比较现有研究中非效率投资的度量方法，选取理查森模型度量每家上市公司非效率投资的具体水平。最后，分别从总体情况、动态变化、行业分布和地区分布对非效率投资、体制性非效率投资和技术性非效率投资的现状进行分析。结果表明，从公司数量来看，我国上市公司中发生投资不足的公司大于过度投资的公司，但从非效率投资的程度来看，过度投资的程度高于投资不足的程度。2007—2011 年，我国上市公司非效率投资的动态变化基本表现为递减的趋势，但过度投资在此期间出现较大波动。过度投资水平较高的行业为传播和文化产业，投资不足较高的行业为电力、煤气及水的生产和供应业，投资不足呈现出较大的行业差距。过度投资较为严重的地区为西北地区，投资不足较为严重的地区为东北地区。体制性非效率投资最为严重的行业为采掘业、传播和文化产业，地域上为西北地区，技术性非效率投资最为严重的行业为交通运输和仓储业，电力、煤气及水的生产和供应业，地域上为西北地区和东北地区。体制性非效率投资和技术性非效率投资在行业和地区分布中均存在较大的差异。

对于非效率投资问题较为严重的行业和地区，具体分析该地区、该行业非效率投资的内在形成机理。对于采掘业、传播和文化产业等行业，西北等地区体制性非效率投资问题较为严重，治理重点在于提高该行业、该地区相关政策和法规的有效性。同时，加强对该行业、该地区的监管力度，降低管理者通过过度投资谋求私利的机会主义行为。对于技术性非效率投资较为严重的行业和地区，应为公司减少技术性失误提供指引和帮助。

第四章 公司治理对非效率投资的影响

现代企业制度下,股东和管理者、大股东和中小股东等各方利益相关者之间存在代理问题,在投资项目的决策上,代理问题的主要表现形式即为非效率投资。管理者并不按照股东价值最大化的决策标准选择投资项目,而是以私人收益最大化为目标,进行过度投资或投资不足等机会主义行为。公司治理作为缓解代理问题、防止管理者谋求个人私利、发生机会主义行为的有效机制,能否有效地抑制非效率投资得到关注。本章在深入分析公司治理作用目标及方式的基础上,研究公司治理对非效率投资的抑制作用,以及公司治理对体制性非效率投资和技术性非效率投资的抑制作用是否存在差异,从而为有效地抑制非效率投资指明方向。

第一节 公司治理对非效率投资影响的理论分析

一 公司治理对总体非效率投资影响的理论分析

在所有权和经营权分离的背景下,所有者(委托人)与管理者(代理人)之间的利益并不完全一致,代理人可能出于个人私利而使投资决策偏离最优化水平,发生非效率投资。上市公司的非效率投资意愿主要由两类代理问题引起:第一类代理问题是股东和管理者之间的代理问题(Jensen et al.,1976)。一方面,由于管理者的效用是公司规模的增函数,管理者可能出于个人私利,利用公司资源投资于净现值为负的项目,扩大公司规模,发生过度投资(Jensen,1986;Kaplan, 1989); 另一方面, 大规模的投资需要管理者付出更多的努力去管理公司事务, 管理者增加努力程度并不能获得全部的收益, 却要承担全部的成本, 因而可能出于私人成本的考虑而放弃净现值为正的项目, 发生投资不足 (McConnell and Muscrella, 1985; Hadlock, 1998)。第二类代理问题是大股东和中小股东之间的代理问题, 大股东有动机通过其控制的管理者进行非效率投资, 以侵占中小股东的利益 (La Porta et al., 1998)。

为了使代理人和委托人的目标更趋于一致, 需要设计一系列公司治理机制, 对代理人进行监督和激励, 以降低代理成本, 减少非效率投资。公司治理是通过一整套包括正式或非正式的、内部的或外部的制度或机制来协调公司各利益相关者之间的利益关系, 以保证公司决策的科学化, 从而最终维护公司各方的利益 (李维安、姜涛, 2007)。有效的公司治理能够合理配置公司的权力、责任和收益, 从而使股东、董事会、管理层以及利益相关者之间形成有效的制衡关系, 制约管理层的机会主义行为, 降低公司大股东与中小股东、股东和管理层之间的代理问题。詹森和麦克林 (1976) 明确了公司治理的目标为减少代理问题和降低代理成本。

公司治理水平的高低体现在公司是否具有一整套完善的监督机制和激励机制。有效的监督机制能够制约管理者的机会主义行为, 减少管理者偷懒的可能性, 抑制非效率投资。股东拥有公司的重大决策权和资产受益权, 可以通过投票替换不合格的管理者, 股东的有效监督能够降低管理者出于个人私利进行的非效率投资行为, 股东之间的有效制衡能够减少大股东操控管理者, 通过扭曲管理层决策视域侵占中小股东利益行为的发生。董事会通过制订公司长期发展计划、公司投资方案的审议对管理层的决策行为进行监督。有效的董事会可以通过审议投资方案、公司投资项目的分析, 及时防止和抑制非效率投资行为的发生。监事会可以防止管理层进行有损股东利益的决策行为, 降低发生非效率投资行为的可能性。有效的监督机制应该能够确保管理层遵循企业价值最大化原则进行决策, 提高管理者投资决策效率, 抑制非效率投资行为的发生。

有效的激励机制能够促使管理者更为积极地参与公司的投资活动，提高管理者和公司利益的一致性，解决激励不兼容和责任不对等问题，促使管理者按照企业价值最大化原则进行投资决策，抑制非效率投资。通过事先设计能够使代理成本最小、具有激励相容效应的管理层薪酬契约，协调各方的利益，缓解公司的代理问题。有效的薪酬契约既对管理者的努力进行补偿，又将管理者与公司的利益拉近，使管理者不得不承担投资决策失误而带来的后果，因此，能够提高投资决策的有效性，抑制非效率投资行为的发生。由以上分析可知，公司治理应该能够抑制公司的非效率投资，据此提出如下假设：

假设 H4-1：公司治理能够抑制公司的非效率投资。

假设 H4-1a：有效的监督机制能够抑制公司的非效率投资。

假设 H4-1b：有效的激励机制能够抑制公司的非效率投资。

二 公司治理对体制性非效率投资影响的理论分析

体制性因素通过多种途径影响国有上市公司的投资决策。

首先，政府干预在各个国家的发展中都是难以回避的重要问题，对作为经济发展、推动 GDP 增长重要动力的投资行为具有重大影响。政府有能力也有动机干预国有上市公司的投资决策。政府出于财政、就业、养老等多方面的社会压力，政府官员出于晋升和个人收益的动机，难免会干预公司的投资行为，影响公司的投资效率。尤其是当政府官员的考核激励由政治表现逐步转变为以个人领导素质和经济业绩为主的新模式，在"政治锦标赛"中，对于能够影响 GDP 增长的投资问题干预动机更为强烈。另外，对于国有上市公司，各级政府是其真正的所有者，政府对大部分大型国有上市公司拥有绝对的控制权，可以直接控制这部分上市公司的投资决策。政府干预使公司投资行为，不仅要符合自身企业价值最大化的目标，还要受到国家意志的影响，导致公司的投资行为并不是完全从市场的实际需求出发，投资意愿大于最优化投资水平，发生体制性非效率投资。政府干预是国有上市公司的"软肋"（钟海燕等，2010），产权约束和政府绩效是导致我国国有上市公司过度投资和投资低效率的本质原因（北京大学中国经济研究中心宏观组，2004）。

其次，委托—代理问题是诱发非效率投资的重要原因，管理者出于个人私利，利用公司资源进行过度投资。股东是公司的实际所有人，但由于时间、精力和能力等诸多因素的限制，所有股东并不能完全参与公司决策，日常的经营和管理更多地由管理者来承担。管理者和股东的利益并不完全一致，管理者可能出于最大化个人私利的目的，利用公司资源进行非效率投资。国有股东是公司的名义控制人，实际经营权通过层层授权委托给受托机构管理，存在所有者缺位问题。国有上市公司董事长多由政府委派，甚至同时兼任总经理，国家对公司产权的超弱控制和行政上的超强控制造成内部人控制问题严重。管理者的收益与公司规模正相关。也就是说，公司规模越大，管理者的收益越高，因此，对于"负盈不负亏"的国有上市公司，管理者有动机进行大规模投资，以扩大公司规模，从而获得更高的薪酬、社会地位、升迁机会等多方面的收益。

最后，预算软约束导致国有企业非效率投资。预算软约束是指国有企业发生亏损或破产时，预期能够获得国家财政的支持，保证公司生存（Komai，1986）。预算软预算可以通过两个途径影响公司的投资决策，分别为政府对企业的直接影响和政府通过对国有银行的影响造成预算软预算，即政府、银行双重预算软约束，削弱负债的相机控制作用。预算软约束的直接经济后果为国有上市公司投资决策造成的损失将由国家承担，通过补助或追加投资等方式保证公司能够生存，因此，即使投资失败，国有上市公司也能够顺利渡过难关，进一步加深了国有企业的体制性非效率投资。

体制性因素对民营上市公司的投资行为具有较大影响。首先，融资约束造成公司缺乏投资所需的必要资金，发生投资不足。我国银行存在金融歧视，大部分的银行贷款流向了国有企业（Allen et al.，2005），民营企业存在融资难、融资成本高、资金链容易断裂等问题。面临严重融资约束的民营上市公司受制于较高的外源融资成本，不得不放弃具有正净现值的项目，发生投资不足。其次，相比于国有上市公司，民营上市公司存在"硬预算约束"，投资风险相对较大，所有者必须为非效率投资买单。民营上市公司投资行为存在较大的风险，无法获得国有上市公司那样的政府补贴和资金支持，一旦投资失败，将直接影响公司的发展，甚至面临破产威胁，因此，民营上市公司管理者投资决策将更为谨慎，很可能会放弃部分具有良好投资机会的项目。最后，出于风险的考虑，民营上市公司管理者更倾向于选择低风险的方式谋取个人私利，从而放弃部分具有良好投资机会的项目，发生体制性非效率投资。由于委托—代理等问题的存在，民营上市公司的管理者同样不可避免地具有谋取个人私利的机会主义动机，但考虑到投资行为的高风险性，管理者可能更多地选择其他低风险的方式（直接占用公司资金、以公司名义向银行贷款、利用公司为自己提供贷款担保和关联交易等）侵占公司资源，取代高风险的过度投资。管理者对公司资源的侵占，导致原本就资源紧缺的民营企业投资可用资金进一步减少，投资不足问题更加严重。

公司治理是公司内部的正式制度，是现代企业制度的主要组成部分，是影响公司投资决策、提高公司投资效率的重要机制。公司治理产生于委托—代理理论，是在所有权、控制权、经营权相分类的基础上建立的监督、激励机制，目标是降低所有者和管理者、大股东和小股东之间的代理问题。公司治理处理股东（权利人）、董事会（决策层）和经理人（执行层）之间的关系（杨有红、胡艳，2004），主要解决战略层面的、关系到公司生存和长期发展的重大决策，是决定公司能否健康发展的关键要素。有效的公司治理能够提高和完善公司结构、机制等重大问题的决策效率。公司治理有助于解决高层次、体制性的投资决策（意愿）效率问题，应该能够有效地抑制公司的体制性非效率投资。由以上分析可知，公司治理能够抑制公司的体制性非效率投资，据此提出如下假设：

假设 H4-2：公司治理能够抑制体制性非效率投资。

假设 H4-2a：有效的监督机制能够抑制体制性非效率投资。

假设 H4-2b：有效的激励机制能够抑制体制性非效率投资。

第二节 公司治理对非效率投资影响的实证检验

一 公司治理对非效率投资影响的模型设计

（一）公司治理对非效率投资影响的模型设计

公司治理作为缓解代理问题的重要机制，能否有效地抑制非效率投资受到各界的广泛关注。为检验公司治理对非效率投资的抑制作用，基于以上分析，选取控制变量，构建模型（4-1）。

$$Ine\_Inv_{i,t} = \beta_0 + \beta_1 Sup_{i,t} + \beta_2 Inc_{i,t} + \beta_3 Fcf_{i,t} + \beta_4 Lev_{i,t} + \beta_5 Size_{i,t} +$$
$$\beta_6 Roa_{i,t} + \beta_7 DM_{i,t} + \beta_8 Cycle_{i,t} + \beta_9 Tan_{i,t} +$$
$$\sum Ind + \sum Year + \varepsilon_{i,t} \qquad (4-1)$$

式中，$Ine\_Inv_{i,t}$ 为 i 公司第 t 年的非效率投资，包括过度投资（$Over\_Inv_{i,t}$）和投资不足（$Under\_Inv_{i,t}$），变量说明见表4-1。

表4-1　　　　　　　　　　变量说明

	变量代码	变量名称	变量定义
被解释变量	Ine_Inv	非效率投资	模型（4-1）的回归残差
	Over_Inv	过度投资	模型（4-1）大于0的回归残差
	Under_Inv	投资不足	模型（4-1）小于0的回归残差
解释变量	Sup	监督机制（公司治理）	选取9个公司治理的监督变量通过主成分分析计算得出
	Inc	激励机制（公司治理）	选取6个公司治理的激励变量通过主成分分析计算得出
控制变量	Fcf	自由现金流量	扣减维持性投资（折旧）后的经营活动现金流量减期望投资水平
	Lev	负债比率	负债与资产之比
	Size	公司规模	总资产的自然对数
	Roa	盈利状况	净利润与总资产之比

续表

	变量代码	变量名称	变量定义
控制变量	DM	债务期限结构	长期负债与总负债之比
	Cycle	营业周期	存货周转天数与应收账款周转天数之和的自然对数
	Tan	实物资产比重	固定资产与总资产之比
	Ind	行业	公司属于该行业时为1，否则为0
	Year	年份	公司属于该年份时为1，否则为0
公司治理变量	Top1	第一大股东持股比例	第一大股东持股数与总股数之比
	Top2—5	第二到第五大股东持股比例	第二到第五大股东持股比例之和
	Ibr	独立董事比例	独立董事人数与董事会人数之比
	Ins	机构投资者持股比例	机构投资者的持股数与总股数之比
	Ma_t	董事长与总经理是否兼任	董事长与总经理非兼任为1，兼为0
	Bsize	董事会规模	董事会人数
	Susize	监事会规模	监事会人数
	Cdc	董事会会议次数	董事会会议的次数
	Cjc	监事会会议次数	监事会会议的次数
	Dis	董事会持股比例	董事会持股数与总股数之比
	Sus	监事会持股比例	监事会持股数与总股数之比
	Mas	高层管理者持股比例	高层管理者持股数与总股数之比
	Pad	领取薪酬的董事比例	领取薪酬的董事人数与董事会人数之比
	Pap	领取薪酬的监事比例	领取薪酬的监事人数与监事会人数之比
	Masa	前三位高管薪酬	前三位高管薪酬的自然对数

（二）相关变量的具体度量方法

1. 公司治理的度量

公司治理包括监督和激励两大机制，本书广泛地考察反映中国公司治理水平的各种因素，分别从监督和激励两方面选取相应变量。我们借鉴白重恩等（2005）、张学勇和廖理（2010）、张会丽和陆正飞（2012）的研究方法，分别对监督和激励因素进行主成分分析，选取第一大主成分作为公司治理两大机制的度量指标。

（1）监督机制。选取第一大股东持股比例（Top1）、第二到第五大股东持股比例（Top2—5）、独立董事比例（Ibr）、机构投资者持股比例（Ins）、董事长与总经理是否兼任（Ma_t）、董事会规模（Bsize）、监事会规模（Susize）、董事会会议次数（Cdc）、监事会会议次数（Cjc）。

第一大股东持股比例（Top1）：股权集中程度采用第一大股东持股比例作为度量方式。股权集中度对公司治理的影响具有两面性。当股权高度集中时，一方面，大股东的利益与公司高度集中，具有较高的能力和积极性管理公司事务，能够提高公司治理水平；另一方面，由于大股东持有过大比例的公司股份，具有过高的权力，中小股东无法对大股东的行为进行有效的监督，不能有效地约束和制衡大股东的行为，大股东可以较容易干预和影响管理者，甚至与管理者发生"合谋"，共同侵占中小股东利益。

第一大股东持股比例是衡量公司治理水平的重要变量。任春艳（2012）研究发现，第一大股东持股比例越高，公司的非效率投资水平越低，支持了掏空理论。吕俊（2012）研究发现，第一大股东持股比例过高时，大股东利用非效率投资侵占小股东利益；第一大股东持股比例过低时，内部人控制问题严重，也会造成较大规模的过度投资，较低的控股股东级别和市场化程度，增强了政府干预的可能性，能够显著地提高上市公司的过度投资水平。谢军、李千子（2011）研究发现，第一大股东能够显著地降低公司的投资不足，控股股东性质对非效率投资水平没有显著影响。严也舟、王祖山（2010）研究发现，大股东与管理者合谋是造成我国上市公司过度投资的主要原因。闫华红、殷冰洁（2010）以国有上市公司为研究对象，深入分析国有上市公司所有者缺位、多层次代理问题等特殊股权结构问题的基础上，研究发现，国有上市公司存在过度投资问题，第一大股东持股比例的提高对非效率投资的影响不显著。徐晓东、张天西（2009）研究发现，第一大股东为国家股的公司更容易发生过度投资，大规模的监事会能够抑制公司的过度投资，当面临资金不足时，第一大股东为国家股的公司，更容易发生投资不足，流通股比例能够减少公司的投资不足。程仲鸣、夏银桂（2009）研究中国转型经济背景下，控股股东对过度投资的影响，过多的自由现金流量提高了公司的过度投资，控股股东持股比例与过度投资呈显著负相关关系，能够有效地抑制公司的过度投资行为，地方政府控制弱化了这种抑制作用，导致"溢出"效应。姚明安、孔莹（2008）研究发现，负债能够显著地抑制公司的投资，但是，随着控股股东持股比例的提高，负债对投资的抑制作用逐渐减弱。何源（2007）研究发现，控股股东持股比例提高，能够减少出于谋求私利而造成的过度投资问题。

曹书军、刘星（2009）研究发现，控股股东最优持股比例等于其边际产出与边际成本之比。熊小舟等（2008）研究发现，第一大股东持股比例与投资不具有显著的线性和二次函数关系，第一大股东持股比与公司投资呈现出显著三次函数的曲线关系，具体表现为投资随第一大股东持股比例呈现出下降—上升—下降的关系，拐点分别为29.32%和51.23%，负债对公司投资的影响不显著。欧阳凌（2005）基于两类代理问题，研究在不同市场结构条件下，股权结构对非效率投资的影响，对于完全竞争或完全垄断股权结构，第一大股东持股大于一个临界值后，监督才能发挥作用，股权集中度越高，监督成本越低；对于垄断性股权结构和股权集中度达到一定临界值后的分散性股权结构对非效率投资的抑制作用更强。窦炜等（2011）研究不同控制权配置条件下，公司治理对非效率投资的影响，结果表明，存在绝对大股东控制的公司，控股股东持股比例能够减少过度投资行为，但增加了投资不足发生的可能性，在多个大股东共同控制条件下，大股东之间的关系会对公司的投资效率产生影响，当大股东之间有效地进行监督时，能够减少公司的过度投资行为，但增加了公司发生投资不足的可能性；当大股东之间发生共谋时，能够减少公司的投资不足，但增加了公司发生过度投资的可能性。罗进辉等（2008）研究发现，大股东持股与过度投资呈倒"N"形关系，民营大股东的监督能力更强，次大股东能够促进大股东"激励效应"的发挥，降低公司的过度投资水平。俞红海等（2010）首次使用动态模型方法，发现股权集中度，控股股东的存在、控制权和现金流权的分离程度越大，过度投资越多,现金流权水平的提高,公司治理机制的改善,能够减少过度投资,对我国上市公司大规模的非效率投资提供了进一步的理论解释。

大股东对公司非效率投资具有双重效应。唐蓓等(2011)研究控股股东对我国上市公司过度投资行为的影响,发现控股股东具有支持和掏空的双重作用。一方面,由于存在控股股东与中小股东的利益冲突,出于私人收益掏空上市公司,导致过度投资;另一方面,由于存在剩余收益索取权,出于自身利益的考虑,减少公司的过度投资。冉茂盛等(2010)对大股东如何影响上市公司的投资效率进行了路径分析,大股东对非效率投资具有"激励效应"和"损耗效应"两种方式,"激励效应"小于"损耗效应",独立董事和资本结构是大股东对非效率投资产生"损耗效应"的两种途径,要提高公司的投资效率,必须完善能够抑制大股东"损耗效应"的公司治理机制。

股权制衡度(Top2—5):有效的股权制衡能够抑制控股股东的机会主义行为,提高公司治理水平。多个大股东的存在可以从两个方面提高公司治理水平,一方面,能够有效地监督管理者;另一方面,当公司存在多个大股东时,股权制衡能够提高控股股东获得控制权私人收益的成本,股东之间相互监督,能够减少控股股东将公司利益转化为个人私利,使控股股东的行为受到制衡,降低非效率投资等侵占中小股东的行为。

大量学者采用股权制衡度作为度量公司治理的变量。López – Itur-riaga 和 Rodríguez – Sanz(2001)运用联立方程研究所有权结构、投资与公司价值之间的关系,发现所有权结构对公司价值和投资有重要影响,同时所有权结构也受公司价值和投资的影响。戈梅斯(Gomes,2000)认为,其他股东对大股东的制衡能够抑制大股东侵占中小股东的行为,这种作用通过两个途径影响大股东。一方面,高度的股权制衡能够促使为获得控制权私有收益的成本内部化,从而降低了大股东对中小股东的侵占,抑制公司的非效率投资;另一方面,高度的股权制衡提高了大股东间讨价还价的能力,可以减少大股东对中小股东利益的侵占,提高投资效率。Gedajlovic 和 Shapiro(1998)对内部股权对公司投资的影响进行研究,发现内部股权对代理成本的影响表现为非线性的形式，内部股权和股权集中度能够影响公司的投资行为，适度的内部股权和股权集中度能够减少大股东对中小股东的利益侵占，过高的内部股权和股权集中度反而降低了公司的价值。施莱弗和维什尼（1986）认为，股权集中度越高，大股东对管理者的监督效应越大，公司的非效率投资水平越低。从股权分布视角研究股权结构对公司非效率投资的影响。郝颖、刘星（2010）从股权分布特征（集中、分散）出发研究两种典型的公司治理模式下股东—管理者、股东—债权人、不对称信息—自由现金流量三种代理问题，研究公司治理对投资行为的影响。程仲鸣等（2008）研究发现，金字塔层级与过度投资显著负相关，作为保护替代机制的金字塔层级能够减少政府的干预，提高公司的投资效率。魏明海、柳建华（2007）研究公司内部治理结构和外部治理环境对过度投资的影响，发现第一大股东持股比例与过度投资呈"U"形关系，其他大股东的股权制衡度对过度投资没有显著的影响，政府干预程度能够加大公司的过度投资，执法水平能够降低公司的过度投资，现金股利能够减少管理者可使用的自由现金流量，从而减少公司的过度投资。

独立董事比例（Ibr）：独立董事是监督管理者行为，保护中小股东利益的重要机制，要求与公司不存在业务上的关联、不曾在公司任职、与公司高层管理者不存在亲属关系。独立董事不直接受雇于管理者，其利益独立于公司，在董事会中具有较高的独立性，可以防止董事和管理者"合谋"，能够有效地完善公司治理水平，提高公司治理效率。独立董事在董事会中比例是影响董事会独立性的重要因素，独立董事比例越大，董事会的独立性越强，监督管理者的效果越好。

独立董事比例是公司治理相关研究的重要变量。吕兆德、徐晓薇（2016）发现，独立董事对过度投资的影响并不显著。谢军、李千子（2011）发现，董事会规模、独立董事比例提高了公司的非效率投资水平，对公司的投资行为产生了消极作用，董事会制度还需进一步完善。程哲（2011）研究发现，我国上市公司存在投资不足问题，管理者持股比例的提高和董事长与总经理的"两职合一"，能够显著地降低公司的投资不足，独立董事比例、第一大股东持股对投资不足的影响不显著。周明（2009）以制造业上市公司为研究对象，发现制造业上市公司存在过度投资问题，管理者持股、负债和现金股利能够抑制制造业上市公司的过度投资，独立董事由于时间和精力的限制以及独立性差等原因，对制造业上市公司过度投资的抑制作用不显著。杨丹（2011）研究发现，公司的自由现金流量越多，过度投资就越严重，管理者薪酬和第一大股东持股比例能够有效地抑制公司的过度投资，独立董事在董事会成员中的比例越大，公司的过度投资越严重，管理者持股并不能显著抑制公司的过度投资，计提资产减值准备会增加公司的投资不足。唐雪松等（2007）研究发现，我国上市公司存在过度投资，公司治理基本具有抑制公司过度投资的作用，但独立董事对公司过度投资的抑制作用不显著。

机构投资者持股比例（Ins）：机构投资者的监督效力包括积极主义、消极主义和折中主义三种观点。股东积极主义者认为，机构投资者有动机、有能力积极参与和监督公司事务，能够有效地提高公司治理效率（Parthban，1996）。机构投资者有动机监督公司投资决策，随着机构投资者投资规模的不断扩大，短时间内抛售大量股票的成本和可能性不断增加，"用脚投票"将逐渐降低可行性，有动机积极参与监督公司事务，抑制公司的过度投资行为，以提高其所持股票预期收益。机构投资者有能力监督公司投资决策。第一，相对于分散的中小投资者，机构投资者持股比例相对较高，具有监督和参与投资决策的权力。第二，机构投资者具有人才优势和专业优势。机构投资者的从业人员具有较高的业务能力和管理经验，具备监督投资决策的能力。第三，上市公司逐渐认识到机构投资者对公司形象和声誉的影响，不断加深与机构投资者的沟通和交流，使机构投资者更为深入地掌握公司运营和发展状况，为其更好地监督和参与投资决策提供保障。第四，机构投资者内部有效的激励机制和竞争压力，促使机构从业人员积极关注被投资公司的投资效率。因此，机构投资应该具有能力提高公司治理效率，减少有损公司价值的非效率投资行为的发生。股东消极主义者认为，机构投资者由于法律、成本和流动性等因素的限制，并不积极地参与和监督公司事务，对公司治理效率的影响不显著

(Coffee，1991)。机构投资者消极参与监督公司事务的原因：一方面，机构投资者可能采用"用脚投票"的方式，退出不满意的低质量的公司（Johnson，1990)。某些类型的机构投资者只是短期投资者，对公司行为不满意时，很可能会采取"用脚投票"的消极方式，监督公司投资决策的动力有限，不能发挥应有的作用。机构投资者频繁的交易使其没有动机监管公司决策（Bhide，1993)。刘昌国（2006）研究公司治理能否抑制公司的过度投资，发现公司治理抑制过度投资的作用较弱，机构投资者对公司过度投资没有显著的抑制作用。另一方面，机构投资者可能与被投资公司管理者合谋，不仅无法有效地抑制公司的过多投资，甚至还可能加大过度投资水平。另外，机构投资者还存在"双重委托—代理"问题。机构的管理者同样也是代理人，也可能发生"偷懒"和谋求个人私利等问题。股东折中主义者认为，不同类型的机构投资者由于持股数量、资金来源、风险承受能力、持股时间差异、与公司的利益关系等诸多因素的影响，参与公司事务的动机和能力有所不同。不同类型的机构投资者在提高公司治理效率上的作用彼此之间存在较大的差异（Coffee，1991)。机构投资者持股对公司治理效率的影响还存在较大分歧。

董事长与总经理是否兼任（Ma_t)：董事长是公司重大事务的最终决策者，具有主持董事会会议，选聘、监督和解雇总经理的作用。董事长和总经理"两职合一"（董事长和总经理由同一人担任）时，总经理可能会为更多地追求自身利益而牺牲股东和整个公司的权益。董事长兼任公司的总经理将降低董事会独立性，使董事会无法有效地监督和决策公司事务，中小股东更难以对公司决策发表意见，同时将导致总经理权力过大，其行为无法得到有效的监督和制衡，加大公司的代理成本。由以上分析可知，董事长和总经理"两职合一"时，公司治理效率应该更高。

董事长与总经理是否兼任是该领域研究广泛采用的变量。李香梅等（2015）采用董事长与总经理是否兼任作为公司治理的度量变量，研究发现，董事长与总经理是否兼任对上市公司的非效率投资没有显著影响。姜凌（2015）发现，董事长和总经理的"两职分离"能够提高公司的投资效率。胡国柳、周德建（2012）发现，董事长和总经理"两职分离"对过度投资的影响并不显著。

董事会规模（Bsize）：大规模的董事会能够吸收更多的具有不同知识、经验和背景的成员，提高董事会决策效率；能够容纳更多的利益相关者代表，确保各方面利益相关者的权益得到保障；能够防止董事会被大股东控制，能够有效地保障中小股东的利益。大规模的董事会也可能存在降低决策效率的可能性，但可以避免群体行为，保持董事会的专业互补性和相对独立性。

董事会规模是该领域研究的重要变量，是学者关注的核心问题。李香梅等（2015）发现，董事会规模不能显著抑制上市公司的过度投资。刘银国等（2015）将董事会规模作为反映公司治理中监督机制治理的重要变量，考察其对上市公司过度投资的影响。姜凌（2015）发现，董事会规模对非效率投资的影响不显著。杨兴全等（2015）选取董事会规模等变量构建公司治理指数，检验公司治理对非效率投资的影响。谭利、杨苗（2015）选取董事会规模作为公司治理的重要变量，研究其对上市公司投资效率的影响。程新生等（2015）发现，董事会规模能够显著影响公司的非效率投资。

监事会规模（Susize）：监事会是公司监督权的核心，具有监督管理者是否违反法律、法规或公司章程，当管理者行为损害公司利益时，予以纠正的职责。上市公司业务相对复杂，内、外部环境不断变化，需要会计、审计、管理经验丰富的各类人才，没有达到一定规模的监事会难以构成所需各类专业人员的组合，无法有效地发挥监事会应有的作用。

监事会规模是反映公司治理质量高低的重要变量。李香梅等（2015）发现，监事会规模不能显著抑制上市公司的过度投资。谭利、杨苗（2015）选取监事会规模作用公司治理的度量变量，研究其对上市公司投资效率的影响。理查森（2006）发现，监事会规模越大，过度投资程度越低。徐晓东和张天西（2009）发现，大规模的监事会能够抑制上市公司的非效率投资。

董事会会议次数（Cdc）：董事会会议是公司董事会成员进行沟通

和交流的过程，具有决策公司重大事务和监督管理者行为的作用。董事会会议频度越高，董事在公司经营方面付出的时间越多，表明董事付出了更大的努力程度，更为勤勉地监督和决策公司事务。另外，我国上市公司董事会会议更多的是一种被动行为（陈仲常等，2009），董事会会议次数越多，则表明公司经营和管理等方面存在更多的问题，董事会不得不提高会议次数，以解决公司存在的问题，监督管理者的机会主义行为。

董事会会议次数是该领域研究的核心变量。程新生等（2015）发现，董事会会议次数能够显著影响公司的非效率投资。刘银国等（2015）选取董事会会议次数作为反映公司治理中的监督机制治理的重要变量，将其对过度投资的影响进行了系统分析。姜凌（2015）认为，适当的董事会会议频率能显著降低公司的非效率投资。杨兴全等（2015）选取董事会会议次数等变量构建公司治理指数，检验公司治理对非效率投资的影响。谭利、杨苗（2015）选取董事会会议次数作为公司治理的度量变量，研究其对上市公司投资效率的影响。周泽（2015）发现，董事会会议次数越多，过度投资越高。晓芳和徐杨（2015）发现，监事会会议次数越多，过度投资水平越低。李维安等（2012）选取董事会会议次数作为公司治理的度量变量之一。胡国柳、周德建（2012）发现，董事会会议次数对过度投资的影响并不显著。

监事会会议次数（Cjc）：监事会会议次数代表监事会的积极性和活跃程度，监事会会议次数越多，表示监事越努力地监督公司事务。但频繁的监事会会议更可能代表公司运作过程中存在较大的问题，监事会提高会议频率以应对和解决公司中存在的问题。

监事会会议次数是反映公司治理水平的有效变量。杨兴全等（2015）选取监事会会议次数等变量构建公司治理指数，检验公司治理对非效率投资的影响。谭利、杨苗（2015）选取监事会会议次数作用公司治理的度量变量，研究其对上市公司投资效率的影响。晓芳和徐杨（2015）发现，监事会会议次数越多，过度投资水平越低。

（2）激励机制。选取董事会持股比例（Dis）、监事会持股比例（Sus）、高层管理者持股比例（Mas）、领取薪酬的董事比例（Pad）、领取薪酬的监事比例（Pap）和前三位高管薪酬（Masa），具体变量说明见表4-1。公司治理的激励对象主要是高层管理者，由于我国领取薪酬和持有股权的董事和监事属于执行董事和执行监事，是上市公司的实际管理者，因此，对董事和监事的激励也是激励机制的重要组成部分。

董事会持股比例（Dis）：董事持股能够有效地将董事会成员利益与公司未来长期业绩联系起来，有助于降低董事会成员的道德风险，促使其更为努力地监督管理层行为，提高公司经营效率。董事会决策直接关系到公司的价值增长和长期发展，董事持股比例越大，其承担决策后果的比例越高。相比于没有持股或持股比例低的董事，持有相对高比例股份的董事能够更为努力地管理公司事务，决策标准更贴近公司利益，与股东的利益冲突更低，应该能够提高公司治理效率。

监事会持股比例（Sus）：监事持股能够有效地提高其监督公司事务的积极性。监事会成员持股比例越高，其利益与公司长远利益的紧密程度越大，能够有效地激励监事按照公司利益最大化的决策原则有效地监督公司及管理者的行为，从而实现自身利益最大化。监事持股应该能够提高公司治理水平，抑制公司非效率投资。

高层管理者持股比例（Mas）：管理者持股对公司治理的影响存在"利益收敛"和"固守职位"两种不同的认识，当管理者持股比例较高时，"固守职位"问题才可能发生，而中国上市公司管理者持股一直处于较低水平，因此发生"固守职位"问题的可能性不大，管理者持股对公司治理的影响更多的应该是"利益收敛"（胡国柳等，2006）。管理者持股能够有效地将管理者利益与公司未来发展联系起来，使其与公司和股东的长期利益更趋于一致，促使其决策更加符合股东和公司的利益。

领取薪酬的董事比例（Pad）：有效的薪酬激励是激发董事会成员管理公司事务的积极性、提高监督管理层行为的有效性，降低代理成本的有效措施。薪酬激励水平的提高能够增强董事会成员的主动性，使其更为有效地监督管理层、为公司发展提供战略咨询（韩忠雪等，2009）。有效的薪酬激励能够拉近董事会成员与公司利益的一致性，提高激励相容程度，减少非效率投资等有损公司价值的行为。领取薪酬董事的比例提高，董事的激励水平也随之提高，能够提高董事监督参与公司事务和监督管理者的积极性，应该能够降低公司的代理成本，提高公司治理水平，抑制非效率投资。

领取薪酬的监事比例（Pap）：监事中领取薪酬监事的人数是影响公司治理水平的重要因素。有效的薪酬激励能够促进监事更为有效地监督公司事务，未在公司领取薪酬的监事可能存在因激励不足而导致缺乏必要的积极性监督公司及管理者行为，降低公司治理的有效性。因此，领取薪酬的监事比例提高，有利于提高监事工作的积极性，提高公司治理水平。

前三位高管薪酬（Masa）：管理者的努力程度随着激励有效性的不同而不同。目前，我国的激励机制以薪酬激励为主，较高的薪酬激励能够激发管理者工作的热情和积极性，促使其更好地发挥其能力和职责。相反，如果薪酬激励较低，激励机制难以发挥其应有的作用，无法有效地激励管理者积极参与公司事务，必然影响公司治理水平。

大量学者选取激励相关变量度量公司治理水平。激励机制与非效率投资的关系存在两种截然不同的认识，一种认为，激励机制能够抑制公司的非效率投资；另一种认为，激励机制不能显著抑制公司的非效率投资。

激励机制能够抑制公司的非效率投资。熊婷和程博（2017）发现，高层管理者薪酬差距对过度投资具有抑制作用。吕俊（2012）发现，董事薪酬与公司的过度投资成反比关系，能够显著降低公司的过度投资，说明董事薪酬能对董事发挥有效的激励作用。刘斌、吴娅玲（2011）研究发现，管理者薪酬激励能够有效地抑制公司的非效率投资，自由现金流量能够增加公司的过度投资，会计稳健性能够降低公司的非效率投资。张海龙、李秉祥（2010）研究发现，管理者持股、现金股利能够减少管理者的过度投资，管理者防御能够提高公司的过度投资水平，负债对管理者的过度投资的抑制作用不显著。李青原（2009）研究发现，管理者薪酬激励能够抑制公司的过度投资和投资不足，当薪酬契约失效时，管理者出于机会主义动机，发生过度投资和投资不足，较高的会计信息质量能够抑制公司的投资不足和过度投资，且在具有高审计质量的公司中，会计信息治理对过度投资的抑制作用更为明显。蔡吉甫（2009a）研究发现，自由现金流量与过度投资的回归系数显著为正，管理者持股能够减少公司的过度投资，随着管理者持股比例的增加，过度投资—自由现金流量敏感性会下降，当管理者持股高于最优比例时，随着管理者持股比例的增加，过度投资—自由现金流量敏感性会表现出上升趋势，管理者持股在合理范围内可以提高公司的投资效率，超出合理比例反而会降低公司的投资效率，由于我国上市公司管理者持股比例基本处于合理范围内，管理者持股能够提高公司的投资效率。周中胜（2008）研究发现，公司治理中的激励机制能够减少自由现金流量带来的代理成本问题，能够有效地提高我国上市公司的投资效率，抑制公司的投资支出，提高公司的现金股利支付比率。马君潞等（2008）研究发现，董事会、监事会和管理层激励能够显著抑制公司的过度投资。

激励机制不能显著抑制公司的非效率投资。Grundy 和 Li（2010）研究发现，管理者持股加大了公司的投资规模，管理者薪酬与投资的关系不显著，表明管理者投资决策不仅考虑投资者情绪，同时也反映自身的利益。Inderst 和 Klein（2007）研究发现，在进行新项目投资能够给管理者带来奖励的情况下，管理者将更大规模进行过度投资。Eisdorfer 等（2013）研究了资本结构、管理者薪酬对投资效率的影响，以退休金现值作为内部负债、以管理者持有股票和期权的价值作为内部股权，发现管理者薪酬杠杆和公司杠杆的差距加大了公司的非效率投资，管理者高比例的负债类薪酬导致投资不足，管理者高比例的股权薪酬导致过度投资。简建辉（2011）研究发现，管理者激励不能降低公司的过度投资，认为由于管理者薪酬更多地取决于公司规模、行业和地区发展状况，并且与公司的无形资产比重呈负相关关系，不同产权性质的公司，管理者薪酬存在较大差异，管理者薪酬与业绩的关联度较低，存在明显的管理者激励不足和失效问题，由于实施股权激励公司的数量和力度等原因，管理者股权激励与公司的过度投资不具有显著的影响。邬国梅（2009）研究发现，由于目前高层管理者持股比例普遍偏低，薪酬激励不合理，管理者更多地倾向"灰色收入"，管理者持股不能显著抑制公司的过度投资，独立董事比例对公司的过度投资抑制作用较弱。蔡吉甫（2009b）研究发现，我国存在大量的过度投资问题，对具有较高自由现金流量的公司，管理者薪酬激励增加了公司的过度投资水平，由此推断，该类公司的管理者很可能是出于提高报酬的目的进行过度投资，具有较强的机会主义动机。罗富碧等（2008）研究了股权激励对管理者投资行为的影响，发现不同的股权激励模式会导致公司不同的投资水平，采用股票增值权方式对管理者激励的公司，投资规模大于其他激励方式的公司，管理者股权激励不但没有提高公司的投资效率，反而加大了投资规模。刘怀珍、欧阳令南（2004）研究发现，管理者行动和投资选择的决定因素是分离的，管理者的行动由利润分享份额决定，投资行为则由管理者私人收益决定，并且与管理者显性激励没有关系，当不存在管理者私人收益时，管理者将选择最优投资规模，显性激励仅能对管理者行为产生激励效应，对管理者投资选择无法产生有效的激励效应。本书通过理论分析和实证检验，进一步研究激励机制对非效率投资的影响。

2. 控制变量

为检验公司治理对非效率投资的抑制作用，我们借鉴相关研究选取如下控制变量：

自由现金流量（Fcf）：自由现金流量是影响公司投资的重要因素。根据自由现金流量理论，自由现金流量丰富的公司，管理者可能出于自身利益，使用自由现金流量进行非效率投资。理查森（2006）认为，自由现金流量越高的公司，过度投资问题可能越严重。国内学者俞红海等（2010）、徐晓东、张天西（2009）等研究也表明，自由现金流量能够显著影响公司的非效率投资，几乎所有非效率投资的相关研究都将自由现金流量作为控制变量之一。自由现金流量的计算方法为扣减维持性投资后的经营活动现金流量与期望投资水平之差。

负债比率（Lev）：负债对公司的非效率投资具有相机治理的作用，能够降低股东—管理者冲突、大股东—中小股东冲突以及新老股东冲突导致的非效率投资。负债能够减少管理者可以控制的自由现金流量，降低非效率投资行为的发生。股东为防止债权人共同分享投资收益，也可能放弃向外界举借债务，发生投资不足。负债比率的具体计算方法为负债与资产之比。

公司规模（Size）：公司规模越大，拥有和控制的资源越多，投资所需资金的来源和渠道就越广泛。与小规模公司相比，同一行业中大规模公司具有的实力相对较强，具有充分的实力投资于长期性、大项目，投资数量相对较高。公司规模是已有投资相关文献中几乎都控制的重要控制变量，公司规模的具体计算方法为总资产的自然对数。

盈利状况（Roa）：公司的盈利能力是影响投资行为的重要因素，盈利能力越强，公司的经营效益越好。具有高盈利能力的公司，能够为投资提供充分的资金支持，可以降低因资金缺乏导致的投资不足；同时具有高盈利能力的公司为了扩大公司生产能力，提高市场占有率，可能更倾向于过大规模的投资，发生过度投资。借鉴姜付秀等（2009）的研究，将盈利状况作为控制变量。盈利状况的计算方法为净利润与总资产之比。

债务期限结构（DM）：债务的不同期限结构对公司投资行为具有较大的影响。迈耶斯（1977）认为，公司缩短债务期限可以提高短期负债的流动性压力和再融资困境，能够降低公司的过度投资。短期负债期限较短，到期日较近，能够通过加大再融资约束困境，约束过度投资行为；长期负债期限较长，到期日较远，以银行借款为主体，由于目前我们的破产机制尚未健全，对公司非效率投资的约束能力有限。借鉴黄乾富、沈红波（2009）的研究，将债务期限结构作为控制变量。债务期限结构的计算方法为长期负债与总负债之比。

营业周期（Cycle）：公司所处的营业周期不同，投资将表现出不同的特征。Biddle等（2009）认为，由于营业周期不同，公司的投资行为会存在较大的差异，且同一公司处于不同的营业周期阶段，将具有不同的财务松弛程度，从而导致不同的投资模式，因此，将营业周期作为控制变量之一。营业周期的计算方法为存货周转天数和应收账款周转天数之和的自然对数。

实物资产比重（Tan）：较高的实物资产比重能够提高公司外部融资的能力，原因在于实物资产可以作为公司外部融资时的抵押品，降低公司发生违约的概率，即便公司发生违约行为，抵押的实物资产也能够弥补或降低公司违规对资金提供者造成的损失，从而提高公司外部融资的可获得性。借鉴 Biddle（2009）和李万福等（2011）的研究，将实物资产比重作为控制变量。实物资产比重的计算方法为固定资产与总资产之比。

二 公司治理对非效率投资影响的实证检验结果分析

（一）公司治理与非效率投资的描述性统计

本书采用主成分分析法，度量公司治理水平，分别对所选的 9 个监督机制变量和 6 个激励机制变量进行主成分分析，得出第一大主成分作为反映公司治理监督机制（Sup）和激励机制（Inc）的指标。在第一大主成分中，监督机制的 9 个变量 Top1、Top2—5、Ibr、Ins、Ma_t、Bsize、Susize、Cdc、Cjc 的载荷系数分别为 0.190、0.180、-0.490、0.301、0.290、0.790、0.639、-0.135、-0.002；激励机制的 6 个变量 Dis、Sus、Mas、Pad、Pap、Masa 的载荷系数分别为 0.802、0.691、0.909、0.362、0.362、0.100。相关变量的描述性统计见表 4-2。①

表 4-2　　　　　　　　　描述性统计

	均值	中位数	标准差	最大值	最小值
A 栏：过度投资					
Over_Inv	0.065	0.032	0.078	0.371	0.000
Sup	0.034	0.026	0.997	4.092	-3.171
Inc	0.028	-0.110	1.278	43.720	-0.920
Fcf	0.009	0.006	0.106	0.911	-0.806
Lev	0.613	0.558	1.051	27.920	0.007
Size	21.830	21.793	1.144	26.573	17.673

---

① 样本选取方法详见第三章第二节有关内容。

续表

	均值	中位数	标准差	最大值	最小值
Roa	0.028	0.034	0.496	2.637	-20.548
DM	0.182	0.118	0.195	0.853	0.000
Cycle	5.055	4.954	1.239	11.077	-0.856
Tan	0.272	0.243	0.188	0.936	0.000
B栏：投资不足					
Under_Inv	0.045	0.031	0.046	0.307	0.000
Sup	-0.023	-0.020	1.002	3.991	-4.086
Inc	-0.019	-0.150	0.750	8.262	-0.910
Fcf	-0.006	-0.006	0.095	0.716	-0.588
Lev	0.550	0.530	0.413	12.238	0.011
Size	21.668	21.606	1.197	26.950	16.508
Roa	0.029	0.029	0.216	7.696	-4.161
DM	0.128	0.046	0.173	0.924	0.000
Cycle	4.987	4.940	1.131	11.898	-1.464
Tan	0.274	0.235	0.193	0.960	0.000
C栏：全样本					
Sup	-0.000	0.003	1.000	4.092	-4.086
Inc	-0.000	-0.137	1.000	43.720	-0.920
Fcf	0.000	-0.002	0.100	0.911	-0.806
Lev	0.576	0.542	0.744	27.920	0.007
Size	21.734	21.682	1.178	26.950	16.508
Roa	0.029	0.031	0.358	7.696	-20.548
DM	0.150	0.074	0.184	0.924	0.000
Cycle	5.014	4.945	1.177	11.898	-1.464
Tan	0.273	0.238	0.191	0.960	0.000

（二）公司治理与非效率投资的相关性分析

Pearson 和 Spearman 相关系数仅能进行两个变量间简单的相关性检验，本书的研究涉及多个变量之间的相互关系，仅仅采用两个变量间的简单线性相关系数很难正确和完整地反映两者之间真正的相关关系。借鉴储一昀、仓勇涛（2008）的研究方法，在控制了其他变量影响的条件下，计算得到变量间的偏相关系数，准确地反映两变量之间的真实关系。本书在控制自由现金流量、负债率、公司规模、盈利状况、负债期限结构、营业周期和实物资产比重后，计算解释变量（监督机制和激励机制）和被解释变量（过度投资和投资不足）之间的偏相关系数，结果见表4-3。

表4-3　　　　　　　　公司治理与非效率投资相关分析

	变量	系数
过度投资	Sup	-0.068***
	Inc	-0.064***
投资不足	Sup	-0.031*
	Inc	-0.057***

注：***和*分别表示1%和10%的显著性水平。

由表4-3的结果可知，公司治理（监督机制和激励机制）与非效率投资均呈现出显著的负相关关系。具体来说，监督机制与过度投资的偏相关系数为-0.068（在1%的显著性水平下显著），激励机制与过度投资的偏相关系数为-0.064（在1%的显著性水平下显著），监督机制与投资不足的偏相关系数为-0.031（在10%的显著性水平下显著），激励机制与投资不足的偏相关系数为-0.057（在1%的显著性水平下显著），表明监督机制、激励机制与非效率投资（过度投资和投资不足）均具有显著的负相关关系。

（三）公司治理对非效率投资影响的回归分析

1. 公司治理对非效率投资的影响

为检验公司治理能否有效地抑制公司的非效率投资，使用样本公司数据对模型（4-1）进行回归分析，结果见表4-4。

由表4-4的回归结果可知，公司治理中的监督机制和激励机制与过度投资的回归系数显著为负分别为-0.006和-0.011（均在1%的显著性水平下显著），公司治理中的监督机制和激励机制与投资不足的回归系数显著为负分别为 -0.002 和 -0.004（均在5%的显著性水平下显著），表明公司治理（激励机制和监督机制）能够有效地抑制公司的非效率投资，假设 H4-1 得到验证。计算样本公司的 VIF 值，结果表明不存在严重的多重共线性。

表 4-4　　　　　　　　公司治理对非效率投资的影响

	过度投资		投资不足	
	系数	T 值	系数	T 值
截距	-0.019	-0.459	0.173***	8.796
Sup	-0.006***	-3.495	-0.002**	-2.502
Inc	-0.011***	-2.876	-0.004**	-2.142
Fcf	0.048***	3.038	-0.033***	-3.469
Lev	0.002	1.083	0.005**	2.350
Size	0.006***	3.358	-0.004***	-5.306
Roa	0.005	1.453	-0.006	-1.606
DM	0.070***	7.114	0.001	0.217
Cycle	-0.005***	-2.806	-0.004***	-3.843
Tan	0.057***	4.791	0.005	0.827
行业	控制		控制	
年份	控制		控制	
调整的 R^2	0.180		0.110	

注：***和**分别表示1%和5%的显著性水平，对被解释变量和解释变量进行了2%的 Winsorize 处理。

2. 公司治理对不同类型非效率投资的影响

为检验公司治理对不同类型的非效率投资的抑制作用是否存在差异，本书对样本公司按照非效率投资产生的不同内在机理进行分类，国有企业的过度投资和民营企业的投资不足多由体制因素发生，主要属于体制性非效率投资，国有企业的投资不足和民营企业的过度投资都是因运营层面技术性原因造成的，主要属于技术性非效率投资。根据模型（4-1），对样本公司数据进行分组 OLS 多元回归分析，结果见表 4-5。

表4-5　　　公司治理对不同类型非效率投资的影响

	过度投资		投资不足	
	国有企业（体制性）	民营企业（技术性）	国有企业（技术性）	民营企业（体制性）
截距	-0.100* (-1.832)	0.046 (0.675)	0.114*** (4.621)	0.171*** (4.568)
Sup	-0.006*** (-2.879)	-0.003 (-0.833)	-0.001 (-0.999)	-0.004** (-2.044)
Inc	-0.012** (-1.973)	-0.014*** (-2.800)	-0.005 (-1.275)	-0.007** (-2.438)
Fcf	0.056** (2.489)	0.011 (0.449)	-0.035*** (-2.790)	-0.027* (-1.783)
Lev	0.024* (1.838)	-0.000 (-0.024)	0.012** (2.443)	0.001 (0.246)
Size	0.007*** (3.184)	0.004 (1.598)	-0.003*** (-2.769)	-0.007*** (-4.303)
Roa	0.098** (2.110)	0.002 (0.615)	0.002 (0.318)	-0.017*** (-2.594)
DM	0.087*** (6.844)	0.046*** (2.846)	-0.002 (-0.250)	0.005 (0.461)
Cycle	-0.002 (-0.760)	-0.011*** (-3.615)	-0.004*** (-3.406)	-0.003* (-1.915)
Tan	0.047*** (3.175)	0.086*** (4.029)	-0.005 (-0.723)	0.031*** (2.988)
行业	控制	控制	控制	控制
年份	控制	控制	控制	控制
调整的 R^2	0.199	0.170	0.116	0.124

注：***、**和*分别表示1%、5%和10%的显著性水平，对被解释变量和解释变量进行了2%的Winsorize处理。

由表4-5的回归结果可知，公司治理中的监督机制对国有企业的过度投资和民营企业的投资不足的回归系数显著为负（分别在1%

和5%的显著性水平下显著），激励机制对国有企业的过度投资和民营企业的投资不足的回归系数与监督机制相同均显著为负（均在5%的显著性水平下显著）。公司治理中的监督机制与国有企业的投资不足和民营企业的过度投资的回归系数为负，但不显著。公司治理中的激励机制与国有企业的投资不足的回归系数为负，但不显著，与民营企业过度投资回归系数显著为负。回归结果表明，公司治理能够显著地抑制我国上市公司的体制性非效率投资，但对技术性非效率投资的抑制作用总体上影响力不强，假设H4-2得到验证。计算样本公司的VIF值，表明不存在严重的多重共线性。

（四）公司治理对非效率投资的影响的稳健性检验

1. 公司治理对非效率投资的影响

（1）聚类现象的影响。在本书采用的数据中，一家公司在样本中多次出现，由于公司个体因素的影响，模型误差项可能存在聚类现象，致使残差系列相关，为避免该现象带来的误差对研究结果的影响，借鉴于忠泊等（2011）、陈运森、谢德仁（2011）等的研究，本书按照公司对标准误差进行 Cluster 处理，按照模型（4-1）对公司治理与非效率投资的关系进行稳健性检验，结果见表4-6。

表4-6　　　　公司治理对非效率投资的影响（聚类处理）

	过度投资		投资不足	
	系数	T值	系数	T值
截距	-0.019	-0.400	0.173***	7.165
Sup	-0.006***	-3.302	-0.002**	-2.397
Inc	-0.011***	-3.089	-0.004**	-2.381
Fcf	0.048***	3.271	-0.033***	-2.971
Lev	0.002**	2.286	0.005*	1.676
Size	0.006***	3.014	-0.004***	-4.751
Roa	0.005***	5.013	-0.006	-0.584
DM	0.070***	5.935	0.001	0.182
Cycle	-0.005**	-2.579	-0.004***	-3.122

续表

	过度投资		投资不足	
	系数	T值	系数	T值
Tan	0.057***	3.600	0.005	0.646
行业	控制	控制	控制	控制
年份	控制	控制	控制	控制
调整的 R^2	0.180		0.110	

注：***、**和*分别表示1%、5%和10%的显著性水平。

由表4-6的回归结果可知，公司治理中的监督机制和激励机制与过度投资的回归系数显著为负（均在1%的显著性水平下显著），公司治理中的监督机制和激励机制与投资不足的回归系数显著为负（均在5%的显著性水平下显著）。考虑聚类现象的影响，公司治理（激励机制和监督机制）能够有效地抑制公司的非效率投资，表明本书的研究结论具有较强的稳健性。

（2）截断偏误的影响。由于因变量（过度投资和投资不足）分别在0处截断（Left-truncated），最小二乘法（OLS）的回归结果可能存在截断偏误，为避免这种偏误对研究结果的影响，借鉴 Gul（2009）、李万福等（2010）、龚启辉等（2011）的研究，本书使用 Tobit 回归依照模型(4-1)对公司治理与非效率投资的关系进行稳健性检验，结果见表4-7。

由表4-7的回归结果可知，公司治理中的监督机制和激励机制与过度投资的回归系数显著为负（均在1%的显著性水平下显著），公司治理中的监督机制和激励机制与投资不足的回归系数显著为负（均在5%的显著性水平下显著）。考虑截断偏误的影响，公司治理（激励机制和监督机制）能够有效地抑制公司的非效率投资，表明本书的研究结论具有较强的稳健性。

（3）投资机会的度量。由于我国资本市场的特殊环境，使用托宾Q度量上市公司的投资机会可能存在误差，因此，本书分别选取不同的方法度量公司的投资机会，对研究结果进行稳健性检验。

表4-7　　　　　　　公司治理对非效率投资的影响（截断偏误）

	过度投资		投资不足	
	系数	T值	系数	T值
截距	-0.009	-0.222	0.155***	7.319
Sup	-0.006***	-3.424	-0.002**	-2.464
Inc	-0.012***	-3.019	-0.005**	-2.235
Fcf	0.046***	2.843	-0.035***	-3.609
Lev	0.002	0.980	0.005**	2.230
Size	0.005***	3.042	-0.004***	-5.170
Roa	0.005	1.391	-0.006	-1.613
DM	0.071***	7.121	0.001	0.103
Cycle	-0.006***	-2.984	-0.004***	-4.096
Tan	0.060***	4.928	0.005	0.798
行业	控制	控制	控制	控制
年份	控制	控制	控制	控制

注：***和**分别表示1%和5%的显著性水平。

采用营业收入增长率度量公司的投资机会。营业收入的度量方法为：营业收入增长率=（本期营业收入-上期营业收入）/上期营业收入。在此基础上，对公司非效率投资（过度投资和投资不足）进行计量，对公司治理和非效率投资的关系进行稳健性检验，结果见表4-8。

由表4-8的回归结果可知，公司治理中的监督机制和激励机制与过度投资的回归系数显著为负（均在1%的显著性水平下显著），公司治理中的监督机制和激励机制与投资不足的回归系数显著为负（均在5%的显著性水平下显著）。采用收入增长率作为公司投资机会的度量方式，公司治理（激励机制和监督机制）能够有效地抑制公司的非效率投资，表明本书的研究结论具有较强的稳健性。

表4-8　公司治理对非效率投资的影响［投资机会（收入增长率）］

	过度投资		投资不足	
	系数	T值	系数	T值
截距	-0.057	-1.314	0.182***	9.249
Sup	-0.007***	-3.708	-0.002**	-2.343
Inc	-0.011***	-2.943	-0.005**	-2.281
Fcf	0.052***	3.237	-0.039***	-4.257
Lev	-0.001	-0.345	0.004***	3.215
Size	0.006***	3.652	-0.005***	-5.886
Roa	0.001	0.249	-0.003	-0.769
DM	0.075***	7.597	-0.000	-0.084
Cycle	-0.005**	-2.470	-0.004***	-3.737
Tan	0.052***	4.359	0.007	1.128
行业	控制	控制	控制	控制
年份	控制	控制	控制	控制
调整的 R^2	0.192		0.128	

注：＊＊＊和＊＊分别表示1%和5%的显著性水平。

公司的投资机会是发展潜力的综合表现，简单地使用一个指标进行度量可能存在度量不够全面的问题，既有研究对投资机会的度量方式尚未得出一致的结论。本书借鉴西蒙等（Simon et al., 2004）、李小军、王平心（2008）以及王鲁平、毛伟平（2010）的研究方法，选取指标，采用主成分分析方法构建投资机会（IOS），指标的具体选取和度量方法如下：

MAQ =（资产 - 权益 + 非流通股股数 × 每股净资产 + 流通股股数 × 年末收盘价）/资产

MEQ =（非流通股股数 × 每股净资产 + 流通股股数 × 股价）/权益

PPVR = 固定资产/（非流通股股数 × 每股净资产 + 流通股股数 × 股价）

EP = 每股收益/股价

对以上指标进行主成分分析提取第一大主成分作为公司投资机会

的代理变量（IOS），在此基础上度量公司的非效率投资水平，对本章的研究结论进行稳健性检验，结果见表4-9。

表4-9　公司治理对非效率投资的影响［投资机会（IOS）］

	过度投资		投资不足	
	系数	T值	系数	T值
截距	-0.058	-1.329	0.177***	8.987
Sup	-0.007***	-3.622	-0.002**	-2.365
Inc	-0.011***	-2.993	-0.005**	-2.228
Fcf	0.047***	3.000	-0.038***	-4.063
Lev	-0.001	-0.461	0.007***	3.299
Size	0.006***	3.714	-0.005***	-5.776
Roa	0.001	0.311	-0.004	-1.173
DM	0.072***	7.228	0.001	0.157
Cycle	-0.005**	-2.524	-0.004***	-3.827
Tan	0.054***	4.499	0.006	0.982
行业	控制	控制	控制	控制
年份	控制	控制	控制	控制
调整的 R^2	0.175		0.116	

注：＊＊＊和＊＊分别表示1%和5%的显著性水平。

由表4-9的回归结果可知，公司治理中的监督机制和激励机制与过度投资的回归系数显著为负（均在1%的显著性水平下显著），公司治理中的监督机制和激励机制与投资不足的回归系数显著为负（均在5%的显著性水平下显著）。采用IOS集为公司投资机会的度量方式，公司治理（激励机制和监督机制）能够有效地抑制公司的非效率投资，表明本书的研究结论具有较强的稳健性。

本书分别采用单指标（收入增长率）和综合指标（IOS）度量公司的投资机会，避免投资机会度量偏差对研究结果的影响，在两种投资机会度量方式下，按照模型（4-1）对样本公司进行回归分析，研究结论基本一致，公司治理能够显著影响公司的投资行为。

(4) 相对公司治理水平。不同行业的监督机制和激励机制可能存在较大差异,仅仅在模型中控制行业虚拟变量,存在不完全消除行业因素影响的可能,因此,本书计算行业相对公司治理水平,以消除行业因素的影响。具体计算方法为将监督机制和激励机制采用按行业、年度去中位数的办法,将样本各年度值减去所在行业和年度中位数作为行业相对公司治理水平,再用此指标在模型中进行稳健性检验,结果见表4-10。

表4-10　　　　公司治理对非效率投资的影响 [相对公司治理水平（行业）]

	过度投资		投资不足	
	系数	T值	系数	T值
截距	-0.016	-0.387	0.173***	8.796
Sup	-0.006***	-3.407	-0.003***	-2.656
Inc	-0.010***	-2.706	-0.005**	-2.145
Fcf	0.048***	3.060	-0.033***	-3.453
Lev	0.002	1.107	0.005**	2.364
Size	0.005***	3.319	-0.004***	-5.268
Roa	0.005	1.460	-0.006	-1.602
DM	0.070***	7.104	0.001	0.208
Cycle	-0.005***	-2.811	-0.004***	-3.851
Tan	0.057***	4.792	0.005	0.826
行业	控制	控制	控制	控制
年份	控制	控制	控制	控制
调整的 R^2	0.179		0.110	

注：***和**分别表示1%和5%的显著性水平。

由表4-10的回归结果可知,公司治理中的监督机制和激励机制与过度投资的回归系数显著为负（均在1%的显著性水平下显著）,公司治理中的监督机制和激励机制与投资不足的回归系数显著为负（分别在1%和5%的显著性水平下显著）。采用行业总体情况的影响后，公司治理（激励机制和监督机制）能够有效地抑制公司的非效率投资，表明本书的研究结论具有较强的稳健性。

不同地区的监督机制和激励机制可能存在较大差异，沿海地区的激励水平要高于中部地区和西部地区（辛清泉，2007）。为避免地区差异对本书研究结论的影响，计算地区相对公司治理水平，以消除地区因素的影响。具体计算方法为将监督机制和激励机制采用按地区、年度去中位数的办法，将样本各年度值减去该地区年度中位数作为行业相对公司治理水平，再用此指标在模型中进行稳健性检验，检验结果见表4-11。

表4-11 公司治理对非效率投资的影响[相对公司治理水平（地区）]

	过度投资		投资不足	
	系数	T值	系数	T值
截距	-0.016	-0.395	0.174***	8.875
Sup	-0.006***	-3.348	-0.002**	-2.282
Inc	-0.010***	-2.641	-0.004**	-1.991
Fcf	0.048***	3.036	-0.033***	-3.470
Lev	0.002	1.094	0.005**	2.347
Size	0.006***	3.338	-0.004***	-5.337
Roa	0.005	1.444	-0.006	-1.624
DM	0.070***	7.056	0.001	0.184
Cycle	-0.005***	-2.826	-0.004***	-3.832
Tan	0.057***	4.762	0.005	0.803
行业	控制	控制	控制	控制
年份	控制	控制	控制	控制
调整的 R^2	0.179		0.110	

注：***和**分别表示1%和5%的显著性水平。

由表4-11的回归结果可知，公司治理中的监督机制和激励机制与过度投资的回归系数显著为负（均在1%的显著性水平下显著），公司治理中的监督机制和激励机制与投资不足的回归系数显著为负（均在5%的显著性水平下显著）。考虑行业总体情况影响后，公司治理（激励机制和监督机制）能够有效地抑制公司的非效率投资，表明本书的研究结论具有较强的稳健性。

（5）内生性影响。除以上几种稳健性检验外，本书进一步尝试探讨内生性问题对研究结果的影响。已有相关研究较少涉及公司治理与非效率投资之间可能存在的内生性问题，考虑到监督机制、激励机制和非效率投资之间可能存在相互作用，使用单一方程回归得到的残差项可能与解释变量相关，从而造成单一方程回归存在偏误，借鉴李万福等（2010）的研究，使用3SLS回归控制内生性问题带来的研究偏差。在原有非效率投资模型的基础上加入对应的内生变量，构建联立方程模型，使用三阶段最小二乘法对公司治理对非效率投资的影响进行稳健性检验。具体做法为在原有非效率投资模型的基础上加入内生变量，组建联立方程模型，运用3SLS对样本公司数据进行回归分析，结果见表4-12。

由表4-12的回归结果可知，公司治理中的监督机制和激励机制与过度投资的回归系数显著为负（分别在1%和5%的显著性水平下显著），公司治理中的监督机制和激励机制与投资不足的回归系数显著为负（均在1%的显著性水平下显著）。考虑内生性的影响，采用3SLS的方法对样本公司进行分析，公司治理（激励机制和监督机制）能够有效地抑制公司的非效率投资，表明本书的研究结论具有较强的稳健性。

表4-12 公司治理对非效率投资的影响（联立方程模型）

	过度投资			投资不足		
	过度投资	监督机制	激励机制	投资不足	监督机制	激励机制
截距	-0.374*** (-3.215)	-6.475*** (-11.322)	-1.490 (-1.505)	-0.252** (-2.563)	-2.730** (-2.290)	-0.487** (-2.258)
Sup	-0.057*** (-3.140)		-0.220 (-1.419)	-0.080*** (-4.392)		-0.179*** (-21.506)
Inc	-0.100** (-2.110)	-1.649 (-1.202)		-0.250*** (-4.695)	-5.598*** (-17.986)	

续表

	过度投资			投资不足		
	过度投资	监督机制	激励机制	投资不足	监督机制	激励机制
Ine_Inv		-1.031	-0.651		-9.866*	-1.764*
		(-0.545)	(-0.837)		(-1.672)	(-1.673)
Fcf	0.038**			0.004		
	(2.238)			(0.321)		
Lev	-0.000	-0.011	-0.004	-0.006	-0.223**	-0.040**
	(-0.072)	(-0.462)	(-0.372)	(-1.174)	(-1.965)	(-1.978)
Size	0.019***	0.238***	0.069**	0.013***	0.190***	0.034***
	(3.799)	(5.603)	(2.002)	(3.035)	(4.034)	(3.974)
Roa	0.006	0.050	0.002	0.018*	0.391*	0.070*
	(1.383)	(0.951)	(0.085)	(1.818)	(1.883)	(1.885)
DM	0.066***			0.008		
	(5.441)			(1.041)		
Cycle	-0.005**			-0.005***		
	(-2.370)			(-2.668)		
Tan	0.085***	0.619***	0.123	0.042***	0.828***	0.148***
	(4.538)	(3.107)	(0.892)	(2.995)	(2.837)	(2.842)
Ase		0.250			0.003	
		(1.338)			(0.057)	
Aag		0.018	-0.001		-0.034**	-0.006**
		(1.325)	(-0.220)		(-2.433)	(-2.482)
Aop		-0.027			0.005	
		(-0.202)			(0.159)	
St		-0.402*	-0.179***		-0.153	-0.028
		(-1.818)	(-3.471)		(-1.034)	(-1.033)
行业	控制	控制	控制	控制	控制	控制
年份	控制	控制	控制	控制	控制	控制

注：***、**和*分别表示1%、5%和10%的显著性水平，括号中为Z统计量，Ase为董事、监事和高管人员性别比例，Aag为董事、监事和高管人员平均年龄，Aop为审计意见，获得保留及以下的审计意见表明公司财务报告存在重大问题，取值为1，否则为0。若公司为St，则取1，否则为0。

由以上分析结果可知,从聚类现象、截断偏误和投资机会度量方式、相对公司治理水平和内生性多方面对本书的研究结论进行稳健性检验,均发现公司治理与非效率投资的回归系数显著为负,表明公司治理能够抑制公司的非效率投资。

2. 公司治理对不同类型非效率投资的影响

(1) 聚类现象的影响。本书采用的数据中,一家公司在样本中多次出现,由于公司个体因素的影响,模型误差项可能存在聚类现象,致使残差系列相关,为避免该现象带来的误差对研究结果的影响,借鉴于忠泊等(2011)、陈运森、谢德仁(2011)等的研究,本书按照公司对标准误差进行了 Cluster 处理,按照模型(4-1)对公司治理与非效率投资的关系进行稳健性检验,结果见表4-13。

表4-13 公司治理对不同类型非效率投资的影响——聚类处理

	过度投资		投资不足	
	国有企业 (体制性)	民营企业 (技术性)	国有企业 (技术性)	民营企业 (体制性)
截距	-0.100 (-1.543)	0.046 (0.585)	0.114*** (3.912)	0.171*** (5.085)
Sup	-0.006*** (-2.664)	-0.003 (-0.822)	-0.001 (-0.974)	-0.004* (-1.964)
Inc	-0.012* (-1.891)	-0.014*** (-2.799)	-0.005 (-1.170)	-0.007*** (-2.842)
Fcf	0.056*** (2.797)	0.011 (0.475)	-0.035*** (-2.615)	-0.027 (-1.485)
Lev	0.024* (1.832)	-0.000 (-0.038)	0.012* (1.669)	0.001 (0.225)
Size	0.007*** (2.792)	0.004 (1.443)	-0.003** (-2.340)	-0.007*** (-4.200)
Roa	0.098** (2.031)	0.002 (1.286)	0.002 (0.146)	-0.017*** (-2.715)
DM	0.087*** (5.580)	0.046** (2.474)	-0.002 (-0.205)	0.005 (0.443)

续表

	过度投资		投资不足	
	国有企业（体制性）	民营企业（技术性）	国有企业（技术性）	民营企业（体制性）
Cycle	-0.002 (-0.721)	-0.011*** (-3.301)	-0.004*** (-2.614)	-0.003* (-1.799)
Tan	0.047** (2.336)	0.086*** (3.089)	-0.005 (-0.570)	0.031** (2.418)
行业	控制	控制	控制	控制
年份	控制	控制	控制	控制
调整的 R^2	0.199	0.170	0.116	0.124

注：***、**和*分别表示1%、5%和10%的显著性水平。

由表4-13的回归结果可知，公司治理中的监督机制和激励机制与国有企业过度投资的回归系数显著为负（分别在1%和10%的显著性水平下显著），公司治理中的监督机制和激励机制与民营企业投资不足的回归系数显著为负（分别在10%和1%的显著性水平下显著）。考虑聚类现象的影响后，公司治理（激励机制和监督机制）能够有效地抑制体制性非效率投资，表明本书的研究结论具有较强的稳健性。

（2）截断偏误的影响。由于因变量（过度投资和投资不足）分别在0处截断，因此，最小二乘法（OLS）的回归结果可能存在截断偏误。为避免这种偏误对研究结果的影响，借鉴Gul（2009）、李万福等（2010）、龚启辉等（2011）的研究，本书使用Tobit回归，按照模型（4-1）对公司治理与不同类型非效率投资的关系进行稳健性检验，对本书的研究结论进行进一步的检验结果见表4-14。

由表4-14的结果可知，公司治理中的监督机制和激励机制与国有企业过度投资的回归系数显著为负（分别在1%和10%的显著性水平下显著），公司治理中的监督机制和激励机制与民营企业投资不足的回归系数显著为负（分别在5%和1%的显著性水平下显著）。考虑截断偏误的影响后，公司治理（激励机制和监督机制）能够有效地抑制我国上市公司的体制性非效率投资，表明本书的研究结论具有较强的可靠性和稳健性。

表4-14 公司治理对不同类型非效率投资的影响（截断偏误）

	过度投资		投资不足	
	国有企业 （体制性）	民营企业 （技术性）	国有企业 （技术性）	民营企业 （体制性）
截距	-0.077 (-1.455)	0.031 (0.454)	0.112*** (4.514)	0.174*** (4.636)
Sup	-0.006*** (-2.804)	-0.003 (-0.857)	-0.001 (-0.928)	-0.004** (-2.093)
Inc	-0.012* (-1.917)	-0.016*** (-3.077)	-0.005 (-1.277)	-0.008*** (-2.622)
Fcf	0.052** (2.323)	0.009 (0.385)	-0.037*** (-2.970)	-0.028* (-1.860)
Lev	0.023* (1.732)	-0.000 (-0.074)	0.012** (2.407)	0.000 (0.145)
Size	0.007*** (3.035)	0.004 (1.453)	-0.003*** (-2.627)	-0.007*** (-4.296)
Roa	0.096** (2.069)	0.002 (0.578)	0.002 (0.307)	-0.017*** (-2.662)
DM	0.088*** (6.827)	0.046*** (2.902)	-0.003 (-0.357)	0.004 (0.442)
Cycle	-0.002 (-0.918)	-0.011*** (-3.711)	-0.004*** (-3.455)	-0.004** (-2.287)
Tan	0.048*** (3.280)	0.088*** (4.175)	-0.006 (-0.761)	0.031*** (3.035)
行业	控制	控制	控制	控制
年份	控制	控制	控制	控制

注：***、**和*分别表示1%、5%和10%的显著性水平。

（3）投资机会的度量。由于我国资本市场的特殊环境，使用托宾Q度量上市公司的投资机会可能存在误差，因此，本书采用营业收入增长率度量公司的投资机会，依据模型（3-1），对公司非效率投资（过度投资和投资不足）进行计量，对公司治理和不同类型非效率投资的关系进行稳健性检验,结果见表 4-15。

表 4-15 公司治理对不同类型非效率投资的影响 [投资机会度量(收入增长率)]

	过度投资		投资不足	
	国有企业(体制性)	民营企业(技术性)	国有企业(技术性)	民营企业(体制性)
截距	-0.090* (-1.711)	0.030 (0.451)	0.140*** (5.698)	0.248*** (6.909)
Sup	-0.007*** (-2.968)	-0.004 (-1.270)	-0.001 (-0.965)	-0.003* (-1.800)
Inc	-0.012* (-1.856)	-0.015*** (-2.950)	-0.005 (-1.326)	-0.008*** (-2.654)
Fcf	0.060*** (2.640)	0.018 (0.719)	-0.038*** (-3.108)	-0.038*** (-2.588)
Lev	0.026** (1.969)	-0.004 (-1.530)	0.016*** (3.282)	0.001 (0.935)
Size	0.008*** (3.531)	0.004 (1.319)	-0.004*** (-3.363)	-0.007*** (-4.567)
Roa	0.084* (1.791)	-0.002 (-0.606)	0.003 (0.659)	-0.012** (-2.014)
DM	0.089*** (6.948)	0.056*** (3.511)	-0.004 (-0.517)	0.002 (0.150)
Cycle	-0.003 (-1.012)	-0.009*** (-2.909)	-0.004*** (-3.388)	-0.003* (-1.895)
Tan	0.041*** (2.761)	0.081*** (3.762)	-0.005 (-0.641)	0.032*** (3.128)
行业	控制	控制	控制	控制
年份	控制	控制	控制	控制
调整的 R^2	0.221	0.195	0.137	0.166

注:***、**和*分别表示1%、5%和10%的显著性水平。

由表 4-15 的回归结果可知，公司治理中的监督机制和激励机制与国有企业过度投资的回归系数显著为负（分别在 1% 和 10% 的显著性水平下显著），公司治理中的监督机制和激励机制与民营企业投资不足的回归系数显著为负（分别在 10% 和 1% 的显著性水平下显著）。考虑投资机会度量偏误的影响，采用收入增长率作为投资机会的度量方式，公司治理（激励机制和监督机制）能够有效地抑制体制性非效率投资，表明本书的研究结论具有较强的稳健性。

采用 IOS 综合值作为公司投资机会的代理变量，计算公司的非效率投资水平，公司治理对非效率投资的影响进行稳健性检验，结果见表 4-16。

表 4-16　公司治理对不同类型非效率投资的影响［投资机会度量（IOS）］

	过度投资		投资不足	
	国有企业（体制性）	民营企业（技术性）	国有企业（技术性）	民营企业（体制性）
截距	-0.106* (-1.932)	0.046 (0.690)	0.112*** (3.960)	0.170*** (4.514)
Sup	-0.006*** (-2.727)	-0.004 (-1.329)	-0.001 (-1.055)	-0.003* (-1.803)
Inc	-0.012* (-1.948)	-0.015*** (-2.993)	-0.004 (-1.236)	-0.008*** (-2.733)
Fcf	0.059*** (2.607)	0.008 (0.332)	-0.037*** (-3.034)	-0.037** (-2.422)
Lev	0.026** (2.018)	-0.003 (-1.558)	0.015*** (3.118)	0.002 (0.993)
Size	0.008*** (3.411)	0.004 (1.590)	-0.003*** (-3.187)	-0.007*** (-4.558)
Roa	0.088* (1.947)	-0.002 (-0.412)	0.002 (0.429)	-0.012** (-2.056)

续表

	过度投资		投资不足	
	国有企业（体制性）	民营企业（技术性）	国有企业（技术性）	民营企业（体制性）
DM	0.088*** (6.835)	0.050*** (3.106)	-0.002 (-0.339)	0.004 (0.365)
Cycle	-0.003 (-1.045)	-0.009*** (-2.913)	-0.004*** (-3.478)	-0.003* (-1.669)
Tan	0.041*** (2.788)	0.083*** (3.894)	-0.004 (-0.582)	0.032*** (3.061)
行业	控制	控制	控制	控制
年份	控制	控制	控制	控制
调整的 R^2	0.197	0.157	0.122	0.130

注：***、**和*分别表示1%、5%和10%的显著性水平。

由表4-16的回归结果可知，公司治理中的监督机制和激励机制与国有企业过度投资的回归系数显著为负（分别在1%和10%的显著性水平下显著），公司治理中的监督机制和激励机制与民营企业投资不足的回归系数显著为负（分别在10%和1%的显著性水平下显著）。考虑投资机会度量偏差的影响，采用IOS集作为投资机会的度量方式后，公司治理（激励机制和监督机制）能够有效地抑制体制性非效率投资，表明本书的研究结论具有较强的稳健性。

（4）相对公司治理。不同行业的监督机制和激励机制可能存在较大差异，仅仅在模型中控制行业虚拟变量，存在不完全消除行业因素的影响的可能，因此，本书计算行业相对公司治理水平，以消除行业因素的影响。具体计算方法为将监督机制和激励机制采用按行业、年度去中位数的办法，将样本各年度值减去行业年度中位数作为行业相对公司治理水平，再用此指标在模型中检验行业相对公司治理水平对不同类型非效率投资的影响，结果见表4-17。

表4-17 公司治理对不同类型非效率投资的影响［相对公司治理水平（行业）］

	过度投资		投资不足	
	国有企业（体制性）	民营企业（技术性）	国有企业（技术性）	民营企业（体制性）
截距	-0.096* (-1.767)	0.051 (0.745)	0.114*** (4.618)	0.172*** (4.602)
Sup	-0.006*** (-2.821)	-0.002 (-0.714)	-0.001 (-1.250)	-0.004** (-2.010)
Inc	-0.011* (-1.750)	-0.014*** (-2.732)	-0.004 (-1.190)	-0.007** (-2.464)
Fcf	0.056** (2.513)	0.011 (0.468)	-0.034*** (-2.762)	-0.027* (-1.782)
Lev	0.024* (1.852)	-0.000 (-0.014)	0.012** (2.454)	0.001 (0.247)
Size	0.007*** (3.145)	0.004 (1.562)	-0.003*** (-2.715)	-0.007*** (-4.301)
Roa	0.098** (2.105)	0.002 (0.605)	0.002 (0.328)	-0.017** (-2.578)
DM	0.087*** (6.831)	0.046*** (2.841)	-0.002 (-0.240)	0.004 (0.443)
Cycle	-0.002 (-0.773)	-0.011*** (-3.620)	-0.004*** (-3.432)	-0.003* (-1.878)
Tan	0.047*** (3.171)	0.086*** (4.018)	-0.005 (-0.734)	0.031*** (3.005)
行业	控制	控制	控制	控制
年份	控制	控制	控制	控制
调整的 R^2	0.199	0.169	0.116	0.124

注：***、**和*分别表示1%、5%和10%的显著性水平。

由表4-17的回归结果可知，公司治理中的监督机制和激励机制与国有企业过度投资的回归系数显著为负（分别在1%和10%的显著性水平下显著），公司治理中的监督机制和激励机制与民营企业投资不足的回归系数显著为负（均在5%的显著性水平下显著）。考虑行业总体情况的影响后，公司治理（激励机制和监督机制）能够有效地抑制体制性非效率投资，表明本书的研究结论具有较强的稳健性。

不同地区的监督机制和激励机制可能存在较大差异，沿海地区的激励水平要高于中部地区和西部地区（辛清泉，2007）。为避免地区差异对本书研究结论的影响，计算地区相对公司治理水平，以消除地区因素的影响。具体计算方法为将监督机制和激励机制采用按地区、年度去中位数的办法，将样本各年度值减去该地区年度中位数作为行业相对公司治理水平，再用此指标在模型中对公司治理与不同类型非效率投资的关系进行稳健性检验，结果见表4-18。

表4-18　公司治理对不同类型非效率投资的影响［相对公司治理水平（地区）］

	过度投资		投资不足	
	国有企业（体制性）	民营企业（技术性）	国有企业（技术性）	民营企业（体制性）
截距	-0.097* (-1.784)	0.046 (0.685)	0.116*** (4.691)	0.172*** (4.592)
Sup	-0.006*** (-2.661)	-0.003 (-0.972)	-0.001 (-0.749)	-0.004** (-2.039)
Inc	-0.011* (-1.665)	-0.014*** (-2.723)	-0.003 (-0.930)	-0.007** (-2.418)
Fcf	0.056** (2.487)	0.011 (0.448)	-0.035*** (-2.805)	-0.027* (-1.775)
Lev	0.024* (1.843)	-0.000 (-0.026)	0.012** (2.431)	0.001 (0.247)
Size	0.007*** (3.161)	0.004 (1.621)	-0.003*** (-2.811)	-0.007*** (-4.268)
Roa	0.098** (2.100)	0.002 (0.619)	0.002 (0.307)	-0.017*** (-2.613)

续表

	过度投资		投资不足	
	国有企业（体制性）	民营企业（技术性）	国有企业（技术性）	民营企业（体制性）
DM	0.087*** (6.788)	0.045*** (2.803)	-0.002 (-0.284)	0.005 (0.448)
Cycle	-0.002 (-0.768)	-0.011*** (-3.616)	-0.004*** (-3.366)	-0.003* (-1.939)
Tan	0.046*** (3.110)	0.087*** (4.087)	-0.005 (-0.750)	0.031*** (2.987)
行业	控制	控制	控制	控制
年份	控制	控制	控制	控制
调整的 R^2	0.198	0.170	0.115	0.124

注：***、**和*分别表示1%、5%和10%的显著性水平。

由表4-18的回归结果可知，公司治理中的监督机制和激励机制与国有企业过度投资的回归系数显著为负（分别在1%和10%的显著性水平下显著），公司治理中的监督机制和激励机制与民营企业投资不足的回归系数显著为负（均在5%的显著性水平下显著）。考虑地区相对情况影响后，公司治理（激励机制和监督机制）能够有效地抑制体制性非效率投资，表明本书的研究结论具有较强的稳健性。

（5）内生性影响。除以上几种稳健性检验外，本书进一步尝试探讨内生性问题对研究结果的影响。考虑到监督机制、激励机制和非效率投资之间可能存在相互作用，使用3SLS回归控制内生性问题带来的研究偏差。在原有非效率投资模型的基础上加入对应的内生变量，构建联立方程模型，使用三阶段最小二乘法对公司治理对非效率投资的影响进行稳健性检验。

由表4-19和表4-20的回归结果可知，公司治理中的监督机制和激励机制与国有企业过度投资的回归系数显著为负（均在10%的显著性水平下显著），公司治理中的监督机制和激励机制与民营企业投资不足的回归系数显著为负（分别在5%和1%的显著性水平下显著）。考虑内生性问题的影响，采用3SLS的方法对样本公司进行分析，公司治理（激励机制和监督机制）能够有效地抑制体制性非效率投资，表明本书的研究结论具有较强的稳健性。

表4-19 公司治理对体制性非效率投资的影响（联立方程模型）

	过度投资组			投资不足组		
	过度投资	监督机制	激励机制	投资不足	监督机制	激励机制
截距	-0.466*** (-2.713)	-6.588** (-2.451)	-0.638** (-2.448)	-0.122 (-1.217)	-5.592** (-2.430)	-1.001 (-1.071)
Sup	-0.069* (-1.891)		-0.097*** (-36.215)	-0.036** (-2.298)		-0.280 (-1.548)
Inc	-0.151* (-1.831)	-10.322*** (-31.801)		-0.135*** (-3.337)	-2.945*** (-3.186)	
Ine_Inv		-4.302 (-0.663)	-0.417 (-0.663)		-15.527** (-2.010)	-7.251** (-2.263)
Fcf	0.072** (2.236)			-0.005 (-0.406)		
Lev	0.005 (0.254)	-0.080 (-0.125)	-0.008 (-0.125)	-0.006 (-1.255)	-0.110 (-1.243)	-0.044 (-1.276)
Size	0.023*** (2.722)	0.358*** (2.878)	0.035*** (2.879)	0.006 (1.510)	0.212*** (2.816)	0.051 (1.527)
Roa	0.170** (2.315)	4.494** (2.029)	0.435** (2.032)	0.002 (0.142)	0.127 (0.550)	0.013 (0.141)
DM	0.076*** (4.104)			0.001 (0.306)		
Cycle	-0.003 (-0.989)			-0.000 (-0.033)		
Tan	0.091*** (3.409)	1.960*** (2.613)	0.190*** (2.619)	0.047*** (2.873)	0.821** (2.166)	0.343* (1.959)
Ase		-0.000 (-0.008)			0.184 (0.650)	

续表

	过度投资组			投资不足组		
	过度投资	监督机制	激励机制	投资不足	监督机制	激励机制
Aag		-0.034 (-1.030)	-0.003 (-1.033)		0.017 (1.279)	0.000 (0.036)
Aop		-0.003 (-0.250)			0.293 (1.003)	
St		-1.664*** (-3.156)	-0.161*** (-3.170)		-0.058 (-0.475)	-0.010 (-0.349)
行业	控制	控制	控制	控制	控制	控制
年份	控制	控制	控制	控制	控制	控制

注：***、**和*分别表示1％、5％和10％的显著性水平。

表4-20　公司治理对技术性非效率投资的影响（联立方程模型）

	过度投资组			投资不足组		
	过度投资	监督机制	激励机制	投资不足	监督机制	激励机制
截距	-0.145 (-0.866)	-2.937 (-0.765)	-1.956 (-0.646)	0.036 (0.348)	-4.656** (-2.230)	0.469** (2.199)
Sup	-0.022 (-0.510)		0.032 (0.061)	-0.020 (-0.808)		0.100*** (7.934)
Inc	-0.042 (-0.763)	1.325 (0.757)		-0.215*** (-3.664)	10.067*** (6.768)	
Ine_Inv		-0.291 (-0.078)	-0.919 (-0.462)		-8.140 (-0.541)	0.783 (0.537)
Fcf	0.008 (0.363)			-0.009 (-0.331)		
Lev	0.000 (0.207)	-0.007 (-0.159)	0.017 (0.956)	0.014* (1.862)	-0.254 (-0.672)	0.025 (0.678)
Size	0.010 (1.636)	0.082 (0.672)	0.065 (0.691)	0.002 (0.301)	0.163** (2.034)	-0.016** (-1.977)
Roa	0.003 (0.618)	0.101* (1.900)	-0.010 (-0.180)	0.002 (0.204)	0.299 (0.808)	-0.029 (-0.796)

续表

	过度投资组			投资不足组		
	过度投资	监督机制	激励机制	投资不足	监督机制	激励机制
DM	0.043** (2.566)			0.010 (0.753)		
Cycle	-0.010*** (-3.044)			-0.008*** (-2.895)		
Tan	0.091* (1.931)	1.117* (1.787)	-0.285 (-0.577)	0.014 (1.091)	-1.001* (-1.865)	0.099** (1.988)
Ase		0.057 (0.140)			0.120 (1.333)	
Aag		0.004 (0.170)	0.013 (0.916)		0.063** (2.004)	-0.006** (-2.123)
Aop		-0.241 (-0.940)			-0.052 (-0.212)	
St		0.146 (0.521)	-0.150** (-1.961)		1.053** (2.047)	-0.105** (-2.262)
行业	控制	控制	控制	控制	控制	控制
年份	控制	控制	控制	控制	控制	控制

注：***、**和*分别表示1%、5%和10%的显著性水平。

由以上稳健性分析结果可知，从聚类现象、截断偏误、投资机会度量方式、相对公司治理水平和内生性的影响，对本书的研究结论进行稳健性检验，均发现公司治理与体制性非效率投资的回归系数显著为负，表明公司治理能够抑制公司的体制性非效率投资，本书的研究结论具有较强的稳健性。

公司治理能否有效地抑制非效率投资一直是备受关注的热点问题，尽管大量学者对该问题进行了研究，但迄今为止还没有得出明确的答案。本章在按照公司治理构成要素进行分类的基础上，研究公司治理对非效率投资的影响，发现公司治理中的监督机制和激励机制与非效率投资的回归系数显著为负，表明公司治理中的监督机制和激励机制能够显著地抑制非效率投资。

本章进一步对公司治理与不同类型非效率投资的关系进行研究，总体来讲，公司治理与体制性非效率投资的回归系数显著为负，与技术性非效率投资的回归系数不显著，表明公司治理能够有效地抑制体制性非效率投资，对技术性非效率投资的影响不显著。考虑聚类现象、截断偏误、投资机会度量方法、相对公司治理水平和内生性的影响，对研究进行稳健性检验，结论基本一致。研究明确了公司治理对非效率投资的影响能力和方向，本书的研究结论对保护投资者权益、提高公司的投资效率具有参考意义。

第五章 内部控制对非效率投资的影响

投资项目评估和执行过程中,可能由于技术性问题导致公司投资规模偏离预期水平,发生非效率投资。已有非效率投资的相关研究主要以委托—代理理论为基础,对于技术性因素造成的非效率投资的研究尚属空白。本章在对内部控制质量进行进一步有效度量的基础上,研究内部控制对非效率投资的影响,以及内部控制对体制性非效率投资和技术性非效率投资影响的差异,以期更为有效地抑制我国上市公司非效率投资,尤其是技术性非效率投资提供理论基础和经验证据。

第一节 内部控制对非效率投资影响的理论分析

一 内部控制对总体非效率投资影响的理论分析

内部控制对非效率投资的影响属于内部控制经济后果研究的范畴。关于内部控制经济后果的研究主要集中于会计信息质量和资本成本方面,对公司决策层面的研究涉及较少。内部控制对公司投资行为的影响仅有少量的尝试性研究,并且没有得出一致的结论。徐朝辉和周宗放(2016)研究发现,内部控制能够抑制过度投资导致的信用风险。Cheng等(2013)研究发现,内部控制质量的提高能够降低非效率投资水平。李万福等(2010)研究了内部控制、过度投资与财务风险之间的内在关系,发现内部控制能够抑制过度投资,过度投资将提高公司陷入财务危机的可能性,内部控制能够降低过度投资的危害,减少公司财务危机的发生,监管部门规定和完善内部控制信息披露的决策，提高了投资者利益保护的程度。李万福等（2011）基于流动性特征的条件关系检验和预期投资偏离的无条件关系检验，验证了内部控制对非效率投资的影响，通过分析"上市公司治理专项活动"披露的整改和自查报告，并结合公司及监管部门披露的相关信息，度量内部控制质量，发现低质量内部控制加剧了非效率投资的发生，内部控制中会计层面和公司层面的重大缺陷对非效率投资的影响不存在显著差异。于忠泊、田高良（2009）使用内部控制自我评价信息和内部控制审计信息，研究内部控制对公司投资效率的影响，研究发现，内部控制与公司非效率投资的回归系数不显著，表明内部控制不能有效抑制公司的过度投资和投资不足，不能提高公司的投资效率。由此可见，内部控制对非效率投资影响的研究尚处于起步阶段，内部控制能否有效地抑制公司的非效率投资还不确定。

内部控制旨在合理保证企业实现其经营目标（经营的效率和效果）、报告目标（财务报告信息的可靠性）和合规目标（遵循适用的法律法规和有关监管要求）。投资效率的高低直接影响经营目标的实现。过度投资将导致公司资源的高投入、低产出；投资不足将导致公司投资机会的浪费和资源的大量闲置，这两种类型的非效率投资都无法实现公司最优的经营效果。公司将资源投资于NPV小于零的项目（过度投资），使现金的流入量现值小于现金的流出量现值；公司放弃投资于NPV大于零的项目（投资不足），使公司的实际经营效果小于期望水平，两种方式的非效率投资都将导致公司无法达到最优的经营效果。有效的内部控制应该能够通过对公司投资决策、实施行为的控制，提高公司投资的效率和效果。另外，良好的内部控制能够提高信息和沟通的效率，降低公司内部的信息不对称程度，使信息准确、及时地在组织中相关部门和人员之间传递，组织中的人能够更有效地获取、交流为执行、管理和控制各项事务所需的信息，更全面地了解投资项目的真实情况以及公司的实际经营状况，更合理地选择公司的投资项目。良好的内部控制还可以保证公司内部职能部门之间权力的有效制衡、权责的合理分配、业务流程的有效安排，避免技术性失误的发生。由以上分析可知，有效的内部控制应该能够抑制公司的非效率投资，据此提出如下假设1：

假设 H5-1：内部控制能够抑制公司的非效率投资。

二 内部控制对技术性非效率投资影响的理论分析

技术性因素包括投资项目评估、投资项目执行、预算、关键决策人风险偏好等多方面因素，技术性错误是公司发生非效率投资的重要原因之一。

首先，投资项目评估过程中的技术性错误，造成公司对投资项目的错误认识，发生非效率投资。项目评估时，错误的估计投资项目未来的现金流量水平及分布、风险程度等相关信息，造成投资项目净现值等相关指标计算错误。管理者依据错误的信息进行投资决策，造成投资效率下降，发生非效率投资。

其次，投资项目执行过程中的技术性错误，导致项目的执行偏离预期水平，发生非效率投资。投资计划的具体执行过程中，由于内部信息沟通和传递失误、相关部门责权划分不合理、投资项目执行中发生操作不当，造成实际投资不等于预期投资水平，导致低效率投资。

再次，预算失败导致可用于投资的资金过多或不足，造成公司发生非效率投资。当预算资金高于期望投资所需资金时，超额预算资金很可能被用于低水平的投资项目，造成过度投资；当预算资金低于期望投资所需资金时，由于无法足额获得投资项目所需资金，被迫放弃本应该投资的项目，发生投资不足。

最后，关键决策人的风险偏好是影响公司投资决策的重要技术性因素。风险厌恶的关键决策人，投资决策过于谨慎，更可能发生投资不足；风险激进的关键决策人，为追求更高的投资回报，更可能发生过度投资。

内部控制经过了内部牵制、内部控制制度、内部控制结构、内部控制框架和风险管理五个阶段，逐步演变为由公司董事会、管理者以及全体员工共同实施的一系列程序和政策。内部控制作为组织的一种制度安排，有助于公司提升自身管理水平，提高风险防御能力，维护社会公众利益，最终服务于公司价值创造的终极目标（方红星、池国华，2011）。内部控制是在公司治理对股东、董事会、监事会和高层管理者有效监督和激励的基础上,向经营管理中低层级管理者和员工实施的控制活动,解决不同层级管理者之间以及管理人员和一般员工之间的代理问题,合理保证既定目标的实现。内部控制面向公司的运用层面,主要解决日常经营活动的决策效率。高质量的内部控制能够降低应用层面投资项目评估、项目执行、预算等都技术性失误的发生,抑制技术性错误造成的非效率投资行为。由以上分析可知,有效的内部控制应该能够抑制公司的技术性非效率投资,据此提出如下假设:

假设 H5-2:内部控制能够抑制公司的技术性非效率投资。

第二节 内部控制对非效率投资影响的实证检验

一 内部控制质量的度量方法研究

内部控制是合理保证公司经营效率和效果、财务报告可靠性和符合法律法规的过程,有效的内部控制有助于提升公司管理水平,提高风险防范能力,维护社会公众的利益。由于内部控制是公司的内部机制,外界受到信息、技术等种种限制,难以进行准确的度量,一直以来都是内部控制相关研究难以克服的关键技术难题。近年来,随着内部控制规范的不断完善,内部控制实证研究得到越来越多的关注,并成为当前研究的热点问题。然而,已有内部控制相关研究的结论普遍存在较大的分歧,究其原因,极有可能是关键指标——内部控制质量的度量存在较大的偏差。目前,虽然有大量学者对内部控制度量(评价)方法进行了广泛的研究,但是,由于高额的评价成本、较高的技术要求、信息的局限等问题,在实践中仍无法有效的实施。

国际上,最重要的内部控制评价标准是 1992 年 COSO 发布的《内部控制——整合框架》,通过内部控制五要素的运行情况,评价公司的内部控制质量。但该方法以原则为导向,并不能很好地评价公司内部控制质量(Gupta,2008)。2008 年,我国财政部等五部委联合发布了《企业内部控制基本规范》，要求企业应当结合内部监督情况，对内部控制有效性进行评价，出具内部控制自我评估报告。2010年，五部委联合发布《内部控制配套指引》，其中，《企业内部控制评价指引》以内部控制五要素为基础，构建内部控制评价核心指标。《企业内部控制评价指引》主要是原则性的指导意见，在实践中应用的效果尚未可知，并且《企业内部控制评价指引》中的方法过于复杂，需要大量的内部信息和高额的评价成本，普通的利益相关者难以有效地使用《企业内部控制评价指引》中的方法计算上市公司的内部控制质量。

为了能够有效地研究内部控制对公司非效率投资的影响，本书立足于自愿性内部控制审计阶段，以我国目前的制度环境为基础，采用公开可获得的信息，结合内容分析法，构建内部控制度量方法，以解决相关实证研究中内部控制无法有效度量的难题。本书还选取了我国上市公司的经验数据对内部控制质量度量方法进行了实证检验，初步证实该度量方法具有较高的信度和效度。

（一）既有方法评述

多年来，学术界在如何度量内部控制的质量方面，一直没有找到有效的方法。国外的实证研究主要是采用美国的《萨班斯—奥克斯利法案》（SOX法案）实施后公司披露的内部控制缺陷作为内部控制质量的代理变量。Ogneva（2007）发现，内部控制缺陷与权益资本成本不具有直接的联系。多伊尔等（Doyle et al.，2007）以公司是否披露内部控制重大缺陷作为内部控制质量的度量方法，研究发现内部控制缺陷与不能实现现金流的低质量应计相关联。Ashbaugh – Skaife等（2009）研究发现，具有内部控制缺陷的公司，风险和权益资本成本都较高。金等（Kim et al.，2011）以内部控制缺陷度量内部控制质量，研究发现，贷款方很少愿意将资金提供给披露内部控制缺陷的公司，并且对这些公司给予更严格的非价格条款，银行会提高披露内部控制缺陷公司的贷款利率。

在现阶段我国的制度背景下，按照国外的方法采用内部控制缺陷作为内部控制质量度量依据缺乏可行性。从我国内部控制信息的披露情况来看，仅有少量的上市公司披露内部控制缺陷，更多的公司选择报喜不报忧，不愿意对内部控制缺陷进行披露，因此，国外普遍采用的方法在短时间内无法应用于我国相关领域的研究。

在国内，内部控制度量的研究主要采用以下三类方法：

第一类方法按照内部控制信息披露情况度量内部控制质量。这类方法的具体运用思路主要包括两种：一种以公司是否自愿披露内部控制审计报告或内部控制自我评估报告构建虚拟变量。例如，张国清（2008）以公司是否获得正面的内部控制审计报告和是否出具内部控制自我评价报告度量内部控制质量，发现内部控制质量的提高，并不能带来盈余质量的提高。张龙平等（2010）以公司是否披露内部控制审计报告作为内部控制质量的度量方式，研究发现，内部控制审计能够提高公司盈余的质量。另一种则对内部控制审计报告或内部控制自我评价报告中的信息进行内容分析，通过简单加总度量内部控制质量。例如，单华军等（2010）以上市公司是否披露内部控制缺陷和披露的内部控制缺陷个数衡量内部控制质量，研究发现，内部控制缺陷能够显著增加公司受到诉讼和违规处罚的可能性。这类方法简单采用公司披露的内部控制信息度量内部控制质量，虽能简便易行，但无法全面、准确地衡量内部控制质量。尤其是当低质量内部控制的公司刻意模仿具有高质量内部控制公司的行为，进行自愿性内部控制审计或在内部控制自我评价报告中隐瞒内部控制重大缺陷时，这种度量方法将出现较大偏差。对内部控制信息进行简单加总，仅仅考虑了数量特征，无法考虑质量特征。以内部控制缺陷为例，同样是内部控制缺陷，但缺陷的大小程度不同，一个严重的内部控制缺陷对公司的影响很可能比多个中低程度内部控制缺陷的影响要大得多。由于无法从获取相关指标的具体程度，采用对内部控制信息简单加总的方法可能导致较大偏差。

第二类方法是按照内部控制目标实现情况度量内部控制质量。例如，张兆国等（2011）按照内部控制目标，选取25项以财务变量为主的相关指标，运用功效系数法，构建我国上市公司的内部控制评价体系。张旺峰等（2011）选取一系列体现内部控制目标实现程度的指标，通过个别评分和加权汇总，计算内部控制质量。中国上市公司内部控制指数研究课题组（2011）以内部控制目标的实现程度为基础，构建内部控制基本指数和内部控制修正指数，度量公司内部控制质量。这种方法按照内部控制目标的实现情况度量内部控制质量，虽然具有较强的理论基础，仍存在诸多不足。其一，存在以结果代替过程的问题。内部控制是旨在为实现内部控制目标提供合理保证的过程，内部控制的结果固然重要，但整个控制过程也不容忽视，仅仅从控制目标度量实现情况内部控制质量，无法考察内部控制整个过程的质量。其二，内部控制不是影响控制目标实现的唯一因素。以经营目标为例，公司经营目标的实现程度不仅受内部控制质量的影响，同时还受到行业竞争状况、政府干预程度等多方面因素的影响。相同内部控制质量的公司，内部控制目标实现的程度可能存在较大差异，以内部控制目标的实现程度确定内部控制的质量偏差较大。其三，该种度量方法可能导致实证研究结论出现严重偏误。相当数量内部控制相关的实证研究中，部分度量内部控制目标的指标与被解释变量具有相同或相似的经济含义，人为地造成内部控制与被解释变量之间的显著相关性，直接导致研究结论与真实经济现象的偏离。

第三类方法按照内部控制要素完善情况度量内部控制质量。例如，朱卫东等（2005）为了减少主观判断对定性评价的影响，运用BP神经网络的方法，将内部控制信息作为输入变量，将综合评价结果作为输出变量，评价公司内部控制质量。于增彪等（2007）采用实证研究方法，将88个内部控制项目划分为13个内部控制审计项目，对每个项目再按照内部控制五要素进行分解，然后再将每个要素分解为具体的评分内容，运用内部控制审计方法对公司内部控制质量进行评价。林钟高等（2007）从内部控制五要素角度选取17项指标度量内部控制质量，研究发现，我国上市公司的内部控制的建立和完善对企业价值有显著的正向促进作用。骆良彬、王河流（2008）在将上市公司内部控制整体框架分解为三级指标体系的基础上，采用层次分析法和专家打分法，建立内部控制模糊综合评价模型，评价内部控制质量。孙光国等（2012）从内部控制五要素出发，运用调查问卷法，构建内部控制综合评价指数，研究发现，内部控制治理的提高能够显著提高财务报告可靠性。采用这种方法度量内部控制质量存在两方面的问题：一方面，内部控制要素无法直接度量，只能使用间接替代的方法，由此得到的内部控制质量是有偏的。另一方面，确定指标权重的技术方法过于复杂，缺乏客观性。这类内部控制度量方法中普遍选取大量指标、运用复杂的数学方法，难以避免评价人的主观经验判断，评价结论缺乏客观性，成本较高，使用大样本数据进行研究不易实施。这种方法对于中小投资者，甚至大部分的大股东和专业研究人员，由于技术障碍和数据的不易获得等原因，难以广泛应用。

已有研究中采用的对内部控制质量的度量方法虽然可以在一定程度上、从一定角度反映公司的内部控制情况，但都存在一定的缺陷，难以全面反映上市公司内部控制质量。内部控制质量度量的恰当性，关系到内部控制对公司非效率投资实证检验的有效性和准确性，也是制约内部控制相关实证研究深入发展的重要因素。本书立足于自愿性内部控制审计阶段，结合内部控制目标的实现情况和公开披露的内部控制信息，建立一种能够简单、有效、易于使用的内部控制度量方法。这不仅对深化内部控制研究具有重要的理论意义，同时还可以使利益相关者能够更准确地了解公司内部控制情况，具有较强的实践意义。

(二) 内部控制质量度量方法

内部控制质量度量的有效性是影响相关实证研究的重要因素，与以往研究中采用复杂的内部控制评价方法不同，本书采用简单的度量方式，构建内部控制质量度量方法，避免了外部人无法应用的技术难题，降低了主观经验判断的影响，为大样本实证研究提供了计量基础。在指标选取方面，利用公开可获得和能够被外界理解的信息，使用内部控制披露情况和内部控制目标的实现情况度量内部控制质量，避免了使用内部控制五要素带来的间接替代误差。分析内部控制披露情况，不仅可以实现内部控制的结果评价，更重要的是能够实现对内部控制的过程评价。内部控制目标实现程度是内部控制披露情况的调整，能够减少公司刻意发送的虚假信号带来的偏差。在计量方法方面，使用分类法替代了已有研究普遍采用的具体数值法，避免了指标权重选取的难题和被解释变量和解释变量之间自我回归的问题，减少了具体数值因其他因素的影响而造成的内部控制度量偏差。

采用经过控制目标实现情况调整后的内部控制信息披露情况，度量内部控制质量。披露内部控制信息是公司向外界传递其内部控制质量的有效方式。内部控制审计报告和内部控制自我评估报告是公司披露内部控制信息的两大载体。正面的自愿性内部控制审计报告可以向外界传递到公司的内部控制是高质量的。根据信息传递理论，具有高质量内部控制的公司有动机通过信息将其情况传递给外界，以区别于其他具有低质量内部控制的公司。内部控制质量越高的公司越有可能出于信息传递的目的自愿披露内部控制审计报告（林斌等，2009）。信息是否有效取决于是否满足两个条件：第一，信息具有可选择性，也就是说，作为信息的行为是非强制的；第二，信息具有不易模仿性，也就是说，作为信息的行为是高质量公司特有的，低质量的公司很难模仿或模仿具有较高的成本。目前，我国的内部控制审计活动同时满足以上两个条件，是传递公司内部控制高质量的有效信息。内部控制审计活动本身也具有提高公司内部控制质量的作用。审计师在进行内部控制审计的过程中可能为公司提供进一步提高内部控制质量的建议，发现内部控制中存在的问题，及时予以修正，有利于提高和完善公司的内部控制质量。同时，注册会计师对内部控制报告出具审计意见，增加了管理层及注册会计师的责任，也促使他们更加重视内部控制质量。内部控制自我评价报告是公司董事会、监事会对内部控制有效性进行评估的基础上，向外界传递其内部控制质量的又一种有效措施。如果报告中表明公司内部控制存在重大缺陷，说明其内部控制存在一个或多个控制缺陷的组合，公司可能会严重地偏离控制目标。由于深交所已强制要求公司披露内部控制自我评估报告，因此，是否披露该报告已经不再具有信息功能，不能作为感知公司内部控制质量的方式。外界通过内部控制目标实现情况对内部控制信息进行修正，感知公司的内部控制质量。COSO将内部控制的有效性定义为：如果控制能够为组织实现目标提供合理保证，那么控制就是有效的。COSO的内部控制目标包括经营的有效性和效率、财务报告的有效性和符合适用的法律和法规三个方面，后来又增加了战略目标。我国2008年颁布的《企业内部控制基本规范》指出，企业内部控制的目标包括经营管理合法合规目标、资产安全目标、财务报告及相关信息真实完整目标、提高经营的效率和效果目标和促进企业实现发展战略目标。但其中的资产安全目标和发展战略目标，由于不同公司的情况各不相同和数据的局限，外部人很难准确判断这两个目标的实现情况，因此，在对公司的内部控制质量进行度量时，主要是通过前三个目标的实现与否作为标准，对内部控制信息披露情况进行修正。

具体来说，若公司获得了由独立第三方审计师出具的正面内部控制审计报告，表明公司的内部控制是高质量的。相反，获得非标准内部控制审计报告的公司表明其内部控制是低质量的。内部控制自我评估报告中载明具有内部控制重大缺陷，表明公司内部控制是低质量的。若内部控制目标（经营目标、财务报告目标和合规目标）中的一项目标没有实现，则表明公司的内部控制是低质量的。内部控制经营目标的实现情况可以通过业绩进行衡量，若公司发生亏损，则表明公司的经营目标没有实现。内部控制财务报告目标可以通过财务报告的审计报告和公司是否发生财务重述进行衡量。审计师出具的财务报告审计意见有标准无保留审计意见和非标准审计意见两种类型，其中，标准无保留审计意见表明审计师认为公司的财务报表在所有重大方面符合使用的财务报告编制基础，并实现公允反映；带强调事项段的无保留意见表明审计师认为公司的财务报表在所有重大方面符合相关会计准则的要求，并实现公允反映，存在需要说明的事项，但公司的财务报表中不存在重大错报，其他种类的非标审计意见表明公司的财务报表存在重大错报。若公司获得了保留及以下审计意见，则表明公司的财务报告目标没有实现。若公司发生财务重述，表明前期对外公布的财务报告存在重大会计差错，则表明公司的财务报告目标没有实现。证监会等监管部门对公司的合规情况进行监督，若公司被披露发生违规行为，则表明合规目标没有实现。

综合以上因素，本书采用分类法将内部控制质量（IC）分为低质量、中质量、高质量三类，只要存在一项信息表明公司的内部控制是

低质量的赋值为 -1、存在信息表明公司的内部控制是高质量的赋值为 1，其他的为 0。需要注意的是，极少数公司明显存在信息表明其内部控制是低质量的，仍自愿披露了正面的内部控制审计报告，可能是由于内部控制审计采取基于认定的方式，依据内部控制自我评估报告提出审计结论，如果评估报告中已表明公司的内部控制存在重大缺陷，审计师认为，自我评估报告中的表述是合理的，给予正面的内部控制审计报告，也可能是低质量内部控制的公司耗费较大的成本来刻意模仿高质量的公司。因此，有必要综合使用内部控制信息披露情况和内部控制目标实现情况度量内部控制质量。明显表明公司内部控制存在重大问题的信息，影响力和可靠性更大，将该类公司的内部控制划分为低质量的（取值为 -1）。内部控制的具体度量方法见表 5-1。

表 5-1　　　　　　　　内部控制的具体度量方法

低质量	具备下列情形之一的公司：内部控制自我评价报告中披露内部控制具有重大缺陷、被出具非标准意见的内部控制审计报告，以及显著表明内部控制目标未实现的情形（年度亏损，发生违规行为，财务重述、财务报表被出具非标准意见的审计报告）
中质量	不存在低质量内部控制和高质量内部控制中列示情形的公司
高质量	被出具标准意见的内部控制审计报告，且不存在低质量内部控制中列示情形的公司

（三）内部控制度量方法的信度分析和效度检验

1. 内部控制度量方法的信度分析

本书内部控制度量方法选取的指标和相应指标的赋值方法具有较高的客观性。选取的指标全部来源于公开可获取的信息，具有明确的来源和方法，各项指标与内部控制披露情况和内部控制目标的实现情况具有直接关联性。在指标赋值上，克服了已有研究中需要进行主观判断的缺陷，避免了指标间加权汇总产生的误差，实现了指标赋值的客观化。内部控制披露情况的运用中，内部控制审计报告按照是否披露该报告和审计意见类型作为赋值标准，内部控制自我评价报告按照该报告中是否载明公司的内部控制具有重大缺陷作为赋值的标准。内部控制目标实现情况的相关指标的赋值，按照可体现内部控制质量的其他信息中载明的情况进行客观赋值。相比已有研究中各项指标的主观赋值的方法，本书的赋值方法具有较高的客观性。由此可知，本书内部控制质量度量方法具有较高的信度。

2. 内部控制度量方法的效度检验

（1）内部控制度量的效度检验方法。内部控制质量度量的效度可以通过内部控制对会计盈余价值相关性的影响进行检验。价值相关性由阿米尔等（Amir et al., 1993）提出，会计盈余的价值相关性是会计盈余对公司股票价格的解释和影响能力。市场能够感知到不同质量的会计盈余，对其做出不同的反映，也就是说，不同质量会计盈余的价值相关性不同。内部控制的核心目标之一是合理保证财务报告的质量，高质量的内部控制能够提高公司的盈余质量。内部控制质量可以看作是盈余质量的一种反映，随着内部控制质量的提高，会计盈余的价值相关性也应该增强。因此，可以通过内部控制质量对会计盈余价值相关性的影响来检验内部控制度量方法的效度。如果本书的内部控制度量方法真实地反映了公司的内部控制质量，按照本书方法度量的具有高质量内部控制的公司，盈余的价值相关性应该更高。

会计盈余的价值相关性研究主要采用价格模型和收益模型。两个模型都源于未来预期现金流折现股价模型，都是基于当前会计盈余包含未来可预期现金流量的假设。价格模型中使用的当前股票价格能够反映累计收益信息，得出的盈余反映系数是实际值的无偏估计，收益模型中已预期盈余无法和股票价格相关，可能造成较大误差。因此，本书借鉴奥尔森（Ohlson, 1995）提出的价格模型（5-1），研究会计盈余价值相关性，并构建模型（5-2）研究内部控制对会计盈余的增量价值相关性的影响，检验内部控制质量度量方法的效度。

$$P_{i,t} = \eta_0 + \eta_1 EPS_{i,t} + \eta_2 BV_{i,t} + \varepsilon_{i,t} \quad (5-1)$$

$$P_{i,t} = \nu_0 + \nu_1 EPS_{i,t} + \nu_2 BV_{i,t} + \nu_3 IC_{i,t} + \nu_4 IC \times EPS_{i,t} + \varepsilon_{i,t} \quad (5-2)$$

式中，$P_{i,t}$为i公司第$t+1$年4月末的股票价格，$EPS_{i,t}$为i公司第t年的每股收益，$BV_{i,t}$为i公司第t年的每股净资产。

为检验内部控制质量不同的公司盈余信息价值相关性是否存在显著差异，引入内部控制质量与每股收益的交叉项 $IC_{i,t} \times EPS_{i,t}$，如果 v_4 显著大于 0，则说明内部控制质量高的公司盈余具有增量的价值相关性，此外，如果模型（5-2）的拟合优度 R^2 大于模型（5-1），说明内部控制质量具有增量的价值相关性。通过以上实证方法，可以判断本书内部控制度量方法能否有效地反映公司内部控制质量。

（2）样本选取及检验结果。本书选取 2007—2011 年 A 股主板上市公司为研究对象。剔除金融业、同时发行 B 股、H 股的上市公司以及数据缺失的公司，最后得到 5643 个样本，内部控制度量方法检验的数据主要来自国泰安 CSMAR 数据库。内部控制信息通过阅读年报手工收集、整理。为检验本书内部控制度量方法的效度，使用样本公司数据进行回归分析，结果见表 5-2。

表 5-2　　　　　　　　内部控制有效性的实证检验结果

	系数	T 值	系数	T 值
截距	7.222***	(46.851)	6.645***	(41.650)
EPS	8.184***	(33.930)	9.332***	(36.409)
BV	0.789***	(14.500)	0.784***	(14.384)
IC			-1.722***	(-11.655)
EPS×IC			2.403***	(8.519)
调整的 R^2	0.371		0.387	

注：*** 表示 1% 的显著性水平，对变量进行了 2% 的 Winsorize 处理。

由表 5-2 的回归分析结果可知，EPS×IC 与股价的回归系数显著为正（在 1% 的显著性水平下显著），拟合优度调整的 R^2 为 0.387，大于模型（5-1）回归分析得出的拟合优度 0.371，表明使用本书方法度量的内部控制质量能够提高盈余的增量价值相关性，由此证实，内部控制质量的度量方法具有较高的效度。

二　内部控制对非效率投资影响的模型设计

为检验内部控制对公司非效率投资的影响，借鉴 Biddle（2009）、李万福（2011）的研究，选取控制变量构建模型。

$$Ine\_Inv_{i,t} = \theta_0 + \theta_1 IC_{i,t} + \theta_2 Fcf_{i,t} + \theta_3 Lev_{i,t} + \theta_4 Size_{i,t} +$$
$$\theta_5 Roa_{i,t} + \theta_6 DM_{i,t} + \theta_7 Cycle_{i,t} + \theta_8 Tan_{i,t} +$$
$$\sum Ind + \sum Year + \varepsilon_{i,t} \quad (5-3)$$

三 内部控制对非效率投资影响的实证检验结果分析

（一）描述性统计

按照公司内部控制质量分组对相关变量进行描述性统计，分析不同内部控制质量组相关变量的均值①，结果见表 5-3。

表 5-3　　　　　　　　　　描述性统计

	高质量内部控制	中等质量内部控制	低质量内部控制
Fcf	-0.004	0.004	-0.007
Lev	0.524	0.533	0.743
Size	22.346	21.746	21.203
Roa	0.051	0.055	-0.064
DM	0.190	0.148	0.123
Cycle	4.928	4.987	5.163
Tan	0.265	0.266	0.302

（二）内部控制与非效率投资的相关性分析

本书的研究涉及多个变量之间的相互关系，仅仅采用两个变量间的简单线性相关系数很难正确和完整地反映两者之间真正的相关关系。借鉴储一昀、仓勇涛（2008）的研究方法，在控制了其他变量影响的条件下，计算得到变量间的偏相关系数，才能准确地反映两变量的真实关系。本书在控制自由现金流量、负债比率、公司规模、盈利状况、负债期限结构、营业周期和实物资产比重后，计算解释变量（内部控制）和被解释变量（过度投资和投资不足）之间的偏相关系数，结果见表 5-4。

由表 5-4 的结果可知，内部控制与过度投资的偏相关系数为 -0.048（在 5% 的显著性水平下显著），内部控制与投资不足的回归

---

① 样本选取方法详见第三章第二节有关内容。

系数为 -0.082（在1%的显著性水平下显著），表明内部控制与非效率投资（过度投资和投资不足）具有显著的负相关关系。

表5-4　　　　　　内部控制与非效率投资相关分析

	系数
过度投资	-0.048**
投资不足	-0.082***

注：***和**分别表示1%和5%的显著性水平，对被解释变量和解释变量进行了2%的Winsorize处理。

（三）内部控制对非效率投资影响的回归分析

1. 内部控制对非效率投资的影响

为检验内部控制能否有效地抑制公司的非效率投资行为，使用样本公司数据对模型（5-3）进行回归分析，结果见表5-5。

表5-5　　　　　　内部控制对非效率投资的影响

	过度投资		投资不足	
	系数	T值	系数	T值
截距	0.001	0.026	0.169***	8.638
IC	-0.006**	-2.108	-0.005***	-3.738
Fcf	0.048***	3.011	-0.033***	-3.463
Lev	0.002	1.159	0.004**	2.066
Size	0.005***	2.803	-0.004***	-5.108
Roa	0.005	1.443	-0.005	-1.199
DM	0.072***	7.270	0.001	0.189
Cycle	-0.006***	-2.958	-0.004***	-3.925
Tan	0.053***	4.424	0.003	0.435
行业	控制	控制	控制	控制
年份	控制	控制	控制	控制
调整的 R^2	0.174		0.112	

注：***和**分别表示1%和5%的显著性水平，对被解释变量和解释变量进行了2%的Winsorize处理。

由表 5-5 的回归结果可知，内部控制与过度投资的回归系数显著为负（在5%的显著性水平下显著），与投资不足的回归系数显著为负（在1%的显著性水平下显著），表明内部控制能够有效地抑制公司的非效率投资，假设 H5-1 得到验证。计算样本公司的 VIF 值，表明不存在严重的多重共线性。

2. 内部控制对不同类型非效率投资的影响

为检验内部控制对不同类型的非效率投资的抑制作用是否存在差异，本书对样本公司按照非效率投资产生的不同内在机理进行分组，国有企业的过度投资和民营企业的投资不足多由体制因素造成的，主要属于体制性非效率投资，国有企业的投资不足和民营企业的过度投资多因运营层面因素造成的，主要属于技术性非效率投资。对样本公司数据根据模型（5-3）进行分组 OLS 多元回归分析，结果见表 5-6。

表 5-6　　　　内部控制对不同类型非效率投资的影响

	过度投资		投资不足	
	国有企业（体制性）	民营企业（技术性）	国有企业（技术性）	民营企业（体制性）
截距	-0.076 (-1.387)	0.057 (0.855)	0.102*** (4.115)	0.258*** (7.263)
IC	-0.004 (-1.127)	-0.010** (-2.059)	-0.006*** (-3.381)	-0.004 (-1.394)
Fcf	0.055** (2.436)	0.010 (0.409)	-0.033*** (-2.695)	-0.027* (-1.804)
Lev	0.025* (1.899)	-0.000 (-0.135)	0.008* (1.735)	0.001 (0.272)
Size	0.006*** (2.710)	0.004 (1.482)	-0.002** (-2.155)	-0.007*** (-4.792)
Roa	0.100** (2.120)	0.002 (0.616)	0.003 (0.647)	-0.016** (-2.461)
DM	0.089*** (6.958)	0.047*** (2.940)	-0.002 (-0.280)	0.005 (0.536)
Cycle	-0.002 (-0.703)	-0.012*** (-3.988)	-0.004*** (-3.404)	-0.003** (-2.039)

续表

	过度投资		投资不足	
	国有企业（体制性）	民营企业（技术性）	国有企业（技术性）	民营企业（体制性）
Tan	0.042***	0.085***	-0.007	0.028***
	(2.868)	(3.972)	(-0.925)	(2.726)
行业	控制	控制	控制	控制
年份	控制	控制	控制	控制
调整的 R^2	0.194	0.166	0.121	0.118

注：***、**和*分别表示1%、5%和10%的显著性水平，对被解释变量和解释变量进行了2%的Winsorize处理。

由表5-6的回归结果可知，内部控制对国有企业的投资不足和民营企业的过度投资的回归系数显著为负（分别在5%和1%的显著性水平下显著），内部控制与国有企业的过度投资和民营企业的投资不足的回归系数为负，但不显著。回归结果表明，内部控制能够显著地抑制我国上市公司的技术性非效率投资，但对体制性非效率投资的抑制作用不显著，假设H5-2得到验证。

(四) 内部控制对非效率投资影响的稳健性分析

1. 内部控制对非效率投资的影响

(1) 聚类现象的影响。本书采用的数据中，一家公司可能在样本中多次出现，由于公司个体因素的影响，模型误差项可能存在聚类现象，致使残差系列相关，为避免该现象带来的误差对研究结果的影响，借鉴于忠泊等（2011）、陈运森、谢德仁（2011）等的研究，本书按照公司对标准误差进行Cluster处理，依据模型（5-3），对内部控制与非效率投资的关系进行稳健性检验，结果见表5-7。

由表5-7的回归结果可知，内部控制与过度投资的回归系数显著为负（在5%的显著性水平下显著），与投资不足的回归系数显著为负（均在1%的显著性水平下显著），考虑聚类现象的影响，内部控制能够有效地抑制公司的非效率投资，说明本书的研究结论具有较强的稳健性。

表 5-7　　内部控制对非效率投资的影响（聚类处理）

	过度投资		投资不足	
	系数	T值	系数	T值
截距	0.001	0.022	0.169***	7.126
IC	-0.006**	-2.137	-0.005***	-3.523
Fcf	0.048***	3.231	-0.033***	-2.976
Lev	0.002**	2.492	0.004	1.538
Size	0.005**	2.489	-0.004***	-4.637
Roa	0.005***	5.429	-0.005	-0.458
DM	0.072***	6.022	0.001	0.158
Cycle	-0.006***	-2.799	-0.004***	-3.249
Tan	0.053***	3.336	0.003	0.339
行业	控制	控制	控制	控制
年份	控制	控制	控制	控制
调整的 R^2	0.174		0.112	

注：***和**分别表示1%和5%的显著性水平。

（2）截断偏误的影响。由于因变量（过度投资和投资不足）分别在0处截断，最小二乘法（OLS）的回归结果可能存在截断偏误，为避免这种偏误对研究结果的影响，借鉴 Gul（2009）、李万福等（2010）、龚启辉等（2011）的研究，本书使用 Tobit 回归依照模型（5-3），对内部控制与非效率投资的关系进行稳健性检验，结果见表5-8。

表 5-8　　内部控制对非效率投资的影响（截断偏误）

	过度投资		投资不足	
	系数	T值	系数	T值
截距	-0.009	-0.218	0.151***	7.217
IC	-0.006**	-2.329	-0.006***	-3.845
Fcf	0.046***	2.829	-0.034***	-3.595
Lev	0.002	1.049	0.004*	1.944
Size	0.004**	2.545	-0.004***	-4.930

续表

	过度投资		投资不足	
	系数	T值	系数	T值
Roa	0.005	1.387	-0.005	-1.192
DM	0.073***	7.287	0.000	0.065
Cycle	-0.006***	-3.156	-0.004***	-4.184
Tan	0.055***	4.563	0.002	0.399
行业	-0.006***	-2.698	-0.004***	-3.318
年份	0.056***	3.543	0.003	0.444

注：***、**和*分别表示1%、5%和10%的显著性水平。

由表5-8的回归结果可知，内部控制与过度投资的回归系数显著为负（在5%的显著性水平下显著），与投资不足的回归系数显著为负（均在1%的显著性水平下显著），考虑截断偏误的影响，内部控制能够有效地抑制公司的非效率投资，说明本书的研究结论具有较强的稳健性。

（3）投资机会的度量。由于我国资本市场的特殊环境，使用托宾Q度量上市公司的投资机会可能存在误差，因此，本书采用营业收入增长率度量公司的投资机会，在此基础上，依据模型（5-3），对公司非效率投资（过度投资、投资不足）进行计量，对内部控制和非效率投资的关系进行稳健性检验，结果见表5-9。

表5-9　　　　　内部控制对非效率投资的影响［投资机会度量（收入增长率）］

	过度投资		投资不足	
	系数	T值	系数	T值
截距	-0.028	-0.657	0.176***	8.995
IC	-0.005**	-2.027	-0.006***	-3.929
Fcf	0.051***	3.140	-0.039***	-4.160
Lev	-0.001	-0.317	0.004***	3.154
Size	0.005***	2.994	-0.005***	-5.580

续表

	过度投资		投资不足	
	系数	T 值	系数	T 值
Roa	0.001	0.193	-0.001	-0.358
DM	0.077***	7.744	-0.001	-0.111
Cycle	-0.005***	-2.645	-0.004***	-3.890
Tan	0.048***	3.981	0.004	0.684
行业	控制	控制	控制	控制
年份	控制	控制	控制	控制
调整的 R^2	0.171		0.120	

注：*** 和 ** 分别表示 1% 和 5% 的显著性水平。

由表 5-9 的回归结果可知，内部控制与过度投资的回归系数显著为负（在 5% 的显著性水平下显著），与投资不足的回归系数显著为负（在 1% 的显著性水平下显著），考虑投资机会度量偏误的影响，采用收入增长率度量公司的投资机会，按照模型（5-3）进行回归分析，内部控制能够有效地抑制公司的非效率投资，说明本书的研究结论具有较强的稳健性。

单一变量度量公司的投资机会可能存在偏差，因此，本书借鉴已有研究选取相关变量，运用主成分分析得出 ISO 作为投资机会的度量方式，在此基础上度量公司的非效率投资水平，对内部控制与公司非效率投资的关系进行稳健性检验，结果见表 5-10。

由表 5-10 的回归结果可知，内部控制与过度投资的回归系数显著为负（在 5% 的显著性水平下显著），与投资不足的回归系数显著为负（在 1% 的显著性水平下显著），考虑投资机会度量偏误的影响，使用 IOS 度量公司的投资机会，按照模型（5-3）进行回归分析，内部控制能够有效地抑制公司的非效率投资，说明本书的研究结论具有较强的稳健性。从聚类现象、截断偏误和投资机会度量方式，对本书的研究结论进行稳健性检验，均发现内部控制与非效率投资的回归系数显著为负，表明内部控制能够抑制公司的非效率投资。

表 5-10 内部控制对非效率投资的影响 [投资机会度量 (IOS)]

	过度投资		投资不足	
	系数	T 值	系数	T 值
截距	-0.030	-0.684	0.161***	7.779
IC	-0.005**	-1.984	-0.005***	-3.767
Fcf	0.047***	2.949	-0.038***	-4.009
Lev	-0.001	-0.397	0.006***	3.017
Size	0.005***	3.062	-0.005***	-5.528
Roa	0.001	0.270	-0.003	-0.741
DM	0.074***	7.386	0.001	0.133
Cycle	-0.005***	-2.686	-0.004***	-3.943
Tan	0.050***	4.157	0.003	0.564
行业	控制	控制	控制	控制
年份	控制	控制	控制	控制
调整的 R^2	0.169		0.118	

注：***和**分别表示1%和5%的显著性水平。

2. 内部控制对不同类型非效率投资的影响

(1) 聚类现象的影响。为避免该现象带来的误差系列相关对研究结果的影响，本书按照公司对标准误差进行了聚类处理 (Cluster)，依据模型 (5-3)，对内部控制与不同类型非效率投资的关系进行稳健性检验，结果见表 5-11。

表 5-11 内部控制对不同类型非效率投资的影响 (聚类处理)

	过度投资		投资不足	
	国有企业 (体制性)	民营企业 (技术性)	国有企业 (技术性)	民营企业 (体制性)
截距	-0.076 (-1.154)	0.057 (0.705)	0.102*** (3.511)	0.258*** (4.870)
IC	-0.004 (-1.174)	-0.010** (-2.097)	-0.006*** (-3.208)	-0.004 (-1.474)

续表

	过度投资		投资不足	
	国有企业（体制性）	民营企业（技术性）	国有企业（技术性）	民营企业（体制性）
Fcf	0.055*** (2.737)	0.010 (0.434)	-0.033** (-2.518)	-0.027 (-1.503)
Lev	0.025* (1.864)	-0.000 (-0.211)	0.008 (1.179)	0.001 (0.248)
Size	0.006** (2.307)	0.004 (1.272)	-0.002* (-1.851)	-0.007*** (-4.750)
Roa	0.100** (2.033)	0.002 (1.395)	0.003 (0.322)	-0.016*** (-2.606)
DM	0.089*** (5.606)	0.047** (2.531)	-0.002 (-0.228)	0.005 (0.512)
Cycle	-0.002 (-0.683)	-0.012*** (-3.682)	-0.004*** (-2.665)	-0.003* (-1.943)
Tan	0.042** (2.110)	0.085*** (3.074)	-0.007 (-0.725)	0.028** (2.233)
行业	控制	控制	控制	控制
年份	控制	控制	控制	控制
调整的 R^2	0.194	0.166	0.121	0.118

注：***、**和*分别表示1%、5%和10%的显著性水平。

由表5-11的回归结果可知，内部控制对国有企业的投资不足和民营企业的过度投资的回归系数显著为负（分别在1%和5%的显著性水平下显著），内部控制与国有企业的过度投资和民营企业的投资不足的回归系数为负，但不显著。考虑聚类现象的影响，对样本公司数据进行Cluster处理，发现内部控制能够显著地抑制我国上市公司的技术性非效率投资，但对体制性非效率投资的抑制作用不显著，说明本书的研究结论具有较强的稳健性。

（2）截断偏误的影响。由于因变量（过度投资和投资不足）分别在0处截断，最小二乘法（OLS）的回归结果可能存在截断偏误，为避免这种偏误对研究结果的影响，本书使用 Tobit 回归，依照模型（5-3），对内部控制与不同类型非效率投资的关系进行稳健性检验，结果见表 5-12。

表 5-12　内部控制对不同类型非效率投资的影响（截断偏误）

	过度投资		投资不足	
	国有企业（体制性）	民营企业（技术性）	国有企业（技术性）	民营企业（体制性）
截距	-0.060 (-1.132)	0.069 (1.028)	0.086*** (2.992)	0.188*** (5.016)
IC	-0.005 (-1.447)	-0.009** (-2.006)	-0.006*** (-3.461)	-0.004 (-1.484)
Fcf	0.052** (2.278)	0.008 (0.347)	-0.036*** (-2.861)	-0.028* (-1.882)
Lev	0.023* (1.768)	-0.000 (-0.192)	0.008* (1.690)	0.000 (0.181)
Size	0.006*** (2.642)	0.003 (1.279)	-0.002** (-1.977)	-0.007*** (-4.788)
Roa	0.101** (2.135)	0.002 (0.585)	0.003 (0.649)	-0.017** (-2.518)
DM	0.090*** (6.957)	0.048*** (2.990)	-0.003 (-0.391)	0.005 (0.516)
Cycle	-0.002 (-0.873)	-0.012*** (-4.084)	-0.004*** (-3.463)	-0.004** (-2.413)
Tan	0.044*** (2.978)	0.087*** (4.131)	-0.007 (-0.964)	0.029*** (2.754)
行业	控制	控制	控制	控制
年份	控制	控制	控制	控制

注：***、**和*分别表示 1%、5% 和 10% 的显著性水平。

由表 5-12 的回归结果可知，内部控制对国有企业的投资不足和民营企业的过度投资的回归系数显著为负（分别在 1% 和 5% 的显著性水平下显著),内部控制与国有企业的过度投资和民营企业的投资不足的回归系数为负。

考虑截断偏误的影响,对样本公司进行 Tobit 回归,发现内部控制能够显著地抑制我国上市公司的技术性非效率投资,但对体制性非效率投资的抑制作用不显著,说明本书的研究结论具有较强的稳健性。

(3)投资机会的度量。由于我国资本市场的特殊环境,使用托宾 Q 度量上市公司的投资机会可能存在误差,因此,本书采用营业收入增长率度量公司的投资机会,在此基础上,依据模型(5-3),对公司非效率投资(过度投资和投资不足)进行计量,对内部控制和不同类型非效率投资的关系进行稳健性检验,结果见表 5-13。

表 5-13　内部控制对不同类型非效率投资的影响 [投资机会度量(收入增长率)]

	过度投资		投资不足	
	国有企业（体制性）	民营企业（技术性）	国有企业（技术性）	民营企业（体制性）
截距	-0.068 (-1.284)	0.082 (1.242)	0.129*** (5.233)	0.260*** (7.315)
IC	-0.003 (-0.997)	-0.009** (-1.989)	-0.006*** (-3.282)	-0.004 (-1.497)
Fcf	0.058** (2.567)	0.015 (0.614)	-0.037*** (-2.990)	-0.037** (-2.556)
Lev	0.026** (1.998)	-0.004 (-1.607)	0.013*** (2.596)	0.001 (1.009)
Size	0.007*** (3.011)	0.003 (1.018)	-0.003*** (-2.782)	-0.008*** (-4.966)
Roa	0.085* (1.794)	-0.003 (-0.654)	0.005 (0.980)	-0.011* (-1.820)
DM	0.091*** (7.066)	0.058*** (3.609)	-0.004 (-0.538)	0.002 (0.240)

续表

	过度投资		投资不足	
	国有企业（体制性）	民营企业（技术性）	国有企业（技术性）	民营企业（体制性）
Cycle	-0.002 (-0.924)	-0.010*** (-3.323)	-0.004*** (-3.387)	-0.003** (-2.045)
Tan	0.036** (2.479)	0.078*** (3.646)	-0.006 (-0.851)	0.029*** (2.832)
行业	控制	控制	控制	控制
年份	控制	控制	控制	控制
调整的 R^2	0.194	0.148	0.126	0.130

注：***、**和*分别表示1%、5%和10%的显著性水平。

由表5-13的回归结果可知，内部控制对国有企业的投资不足和民营企业的过度投资的回归系数显著为负（分别在1%和5%的显著性水平下显著），内部控制与国有企业的过度投资和民营企业的投资不足的回归系数为负，但不显著。考虑投资机会度量偏误影响，采用收入增长率作为投资机会的代理变量，对样本公司数据进行回归分析，发现内部控制能够显著地抑制我国上市公司的技术性非效率投资，但对体制性非效率投资的抑制作用不显著，说明本书的研究结论具有较强的稳健性。

采用由主成分分析计算得出的ISO作为投资机会的代理变量，计算公司的非效率投资（过度投资和投资不足）水平，对本章研究结论进行稳健性检验，结果见表5-14。

由表5-14的回归结果可知，内部控制对国有企业的投资不足和民营企业的过度投资的回归系数显著为负（分别在1%和5%的显著性水平下显著），内部控制与国有企业的过度投资和民营企业的投资不足的回归系数为负，但不显著。考虑投资机会度量偏误影响，采用IOS集作为投资机会的代理变量，对样本公司数据进行回归分析，发现内部控制能够显著地抑制我国上市公司的技术性非效率投资，但对体制性非效率投资的抑制作用不显著，说明本书的研究结论具有较强的稳健性。

表 5-14　　内部控制对不同类型非效率投资的影响 [投资机会度量（IOS）]

	过度投资		投资不足	
	国有企业（体制性）	民营企业（技术性）	国有企业（技术性）	民营企业（体制性）
截距	-0.080 (-1.462)	0.067 (1.019)	0.102*** (3.582)	0.184*** (4.874)
IC	-0.003 (-0.873)	-0.010** (-2.060)	-0.006*** (-3.340)	-0.004 (-1.441)
Fcf	0.058** (2.551)	0.007 (0.293)	-0.035*** (-2.912)	-0.037** (-2.436)
Lev	0.027** (2.052)	-0.003* (-1.674)	0.012** (2.427)	0.003 (1.043)
Size	0.007*** (2.911)	0.003 (1.304)	-0.003*** (-2.599)	-0.008*** (-4.992)
Roa	0.089* (1.926)	-0.002 (-0.442)	0.004 (0.744)	-0.011* (-1.881)
DM	0.089*** (6.947)	0.052*** (3.213)	-0.003 (-0.366)	0.005 (0.454)
Cycle	-0.003 (-0.975)	-0.010*** (-3.283)	-0.004*** (-3.463)	-0.003* (-1.850)
Tan	0.037** (2.525)	0.082*** (3.847)	-0.006 (-0.801)	0.029*** (2.755)
行业	控制	控制	控制	控制
年份	控制	控制	控制	控制
调整的 R^2	0.191	0.150	0.127	0.124

注：***、**和*分别表示1%、5%和10%的显著性水平。

由以上分析结果可知，从聚类现象、截断偏误和投资机会度量方式，对本书的研究结论进行稳健性检验，均发现内部控制与技术性非效率投资的回归系数显著为负，表明内部控制能够抑制公司的技术性非效率投资，本书的研究结论具有较强的稳健性。

(五) 内部控制对非效率投资影响的进一步分析

《企业内部控制基本规范》及其配套指引要求 2012 年起我国主板上市公司全面内部控制建设,并由外部审计师对内部控制状况出具审计报告。由此,《企业内部控制基本规范》由自愿阶段逐步过渡到强制阶段。为检验《企业内部控制基本规范》及其配套指引强制实施后内部控制对非效率投资的影响,以 2012—2015 年度主板上市公司为研究对象,对内部控制与非效率投资的关系展开实证研究,研究结果见表 5-15。

表 5-15　　　　　内部控制对非效率投资的影响分析
(《企业内部控制基本规范》强制实施后)

	过度投资		投资不足	
	系数	T 值	系数	T 值
截距	0.166***	(3.358)	0.161***	(8.391)
IC	-0.033*	(-1.949)	-0.015**	(-2.473)
Fcf	0.017	(0.548)	-0.033***	(-2.851)
Lev	0.005	(0.354)	0.009*	(1.746)
Size	-0.006***	(-2.832)	-0.004***	(-5.255)
Roa	0.247***	(4.250)	-0.072***	(-4.099)
DM	0.100***	(4.163)	0.008	(0.746)
Cycle	0.000	(0.037)	-0.004***	(-4.676)
Tan	0.084***	(5.355)	0.001	(0.203)
行业	控制		控制	
年份	控制		控制	
调整的 R^2	0.144		0.149	

注：***、**和*分别表示 1%、5% 和 10% 的显著性水平。

表 5-15 为内部控制对非效率投资影响的实证检验结果,由于本书中内部控制的度量方法主要针对《企业内部控制基本规范》及其配套指引自愿实施阶段,在强制实施阶段,采用迪博内部控制指数作为内部控制的度量方法。由于该指数内部控制的取值范围为 1—1000,

为使数据量纲一致,对迪博内部控制指数具体数值除以1000。为提高回归结果的有效性,避免极端值的影响,对连续变量进行了1%的Winsorize处理。由回归结果可知,内部控制与过度投资的回归系数为 -0.033(在10%的显著性水平下显著)、内部控制与投资不足的回归系数为 -0.015(在5%的显著性水平下显著),表明在《企业内部控制基本规范》及其配套指引强制实施阶段,内部控制仍能够有效地抑制上市公司的非效率投资行为。

近年来,各国监管部门高度重视内部控制的建设和完善,2002年美国颁布了《萨班斯—奥克斯利法案》,2008年我国财政部联合五部委颁布《企业内部控制基本规范》,强化和提高公司内部控制质量已成为亟待解决的问题。本章在对内部控制质量进一步有效度量的基础上,研究内部控制对公司非效率投资的影响,研究发现,内部控制与非效率投资(过度投资和投资不足)的回归系数均显著为负,表明内部控制能够有效地抑制公司的非效率投资。非效率投资的内在形成机理不同,其解决方案可能存在较大差异。本书按照非效率投资产生的不同内在机理对其进行分类,研究内部控制对不同类型非效率投资的抑制作用,发现内部控制与技术性非效率投资的回归系数显著为负,与体制性非效率投资的回归系数不显著,表明内部控制能够有效地抑制技术性非效率投资,但对体制性非效率投资的影响不显著。选用多种方法对本书的研究进行稳健性检验,结论基本一致,内部控制对非效率投资,尤其是技术性非效率投资的抑制作用具有较强的稳健性。

第六章 公司治理和内部控制对非效率投资的影响

在第四章和第五章中,我们分别了研究公司治理和内部控制对非效率投资的影响。公司治理和内部控制既相互关联,作用又各有侧重,本章首先通过深入分析相关理论,然后对公司治理和内部控制的关系进行实证检验,在此基础上,将两者纳入同一研究框架中,研究其对非效率投资的影响,检验公司治理与内部控制对非效率投资的影响以及对不同类型非效率投资的作用是否相同。

第一节 公司治理和内部控制关系研究

一 公司治理和内部控制关系的理论分析

公司治理和内部控制的关系一直是相关研究争论的热点问题,迄今为止,依然存在较大的分歧和争议。Hoitash 等(2009)研究发现,在404条款下,高质量的公司治理与更有效的内部控制相联系(能够在规定时间之前完善发现的内部控制重大缺陷),审计委员会会议次数越多,披露的内部控制重大缺陷就越多,审计委员会的规模与内部控制重大缺陷的披露没有显著的联系。Goh(2009)研究发现,董事会独立性、审计委员会规模和财务专业水平能够促进内部控制重大缺陷的及时补救。多伊尔(2007)综合八大类公司治理因素计算公司治理得分,研究发现,仅在收入确认问题上,内部控制重大缺陷与公司治理存在显著的负向关系,其他内部控制重大缺陷与公司治理不存在显著关系。Zhang(2007)研究发现,审计委员会治理与内部控制缺陷存在显著的关系，审计委员会中具有财务专长的人员越多，公司就越不容易存在内部控制缺陷；董事会规模越大，内部控制缺陷就越少；董事会会议越频繁，公司就越容易存在内部控制缺陷。当采用董事会规模、董事会独立性、审计委员会规模、审计委员会独立性和机构投资者持股综合度量公司治理时，发现公司治理与内部控制缺陷不存在显著的关系。

公司治理和内部控制有着密切的关系。李育红（2011）从内部控制目标角度，选取财务和审计变量度量公司内部控制质量，发现第一大股东持股比例和管理者薪酬的提高能够加大内部控制的有效性。朱海珅、闫贤贤（2010）研究，董事会特征对公司内部控制质量的影响，发现董事长和总经理"两职分离"和较低比例的独立董事提高了内部控制失败的概率。吴益兵等（2009）采用 Logistic 回归研究股权结构对内部控制质量的影响，发现机构投资者持股、国有控股上市公司具有较高的内部控制质量，股权高度集中能够降低上市公司的内部控制质量。程晓陵、王怀明（2008）以主营业务资产收益率、财务报告可靠性和遵循法律法规度量公司的内部控制质量，研究发现，公司治理对内部控制具有显著影响，年终股东大会出现率越高，公司的内部控制就越有效，董事会规模、监事会规模、审计委员会的设立、管理层的诚信和道德价值观以及管理层对员工胜任能力的重视能够提高内部控制的有效性，董事长与总经理"两职合一"会显著降低内部控制的有效性，随着管理者的风险偏好的增加，内部控制有效性呈现出先减少后增加的关系，董事会和监事会的会议次数以及第一大股东的持股比例对内部控制的影响不显著。林钟高等（2007）从内部控制五要素角度采用公司治理指标度量内部控制质量进行研究，发现我国上市公司的内部控制的建立和完善对企业价值有高度显著的正向促进作用。公司治理和内部控制究竟是怎样的关系，还有待进一步地深入分析和研究。

公司治理和内部控制的关系迄今为止还没有明确的答案，仅有的相关规定和法案也都是分别解释和分析各自的含义、内容等问题，没有对两者的关系进行阐述和界定。已有研究对公司治理和内部控制的关系的认识主要存在三种不同的观点：第一，将公司治理和内部控制混为一谈，认为两者不存在明确的区别；第二，将公司治理和内部控制完全分割，认为两者不存在任何关联，一方的情况不会对另一方产生影响；第三，认为公司治理是内部控制的环境。

从公司治理和内部控制的概念及边界来看，两者并不是同一概念，但存在一定的关联（李连华，2005），由此可知，第一种观点和第二种观点存在较大的不足。第三种观点，即公司治理是内部控制的环境，源于COSO的《内部控制——整体框架》，这种认识相对于前两种认识具有较强的合理性，是目前认同度较高的观点，认为公司治理能够影响内部控制，在建立和完善公司内部控制的同时，应加强相应的环境建设。按照哲学原理，环境是对应于主体并外在于主体的，如果认为公司治理是内部控制的环境，则表明两者是相对较为独立的机制（李连华，2005）。为厘清公司治理和内部控制的关系，基于第三种观点，按照公司治理的构成要素，分别分析监督机制和激励机制对内部控制的影响，希望能够为进一步明确公司治理和内部控制的关系，提供经验证据。

公司治理和内部控制具有密切的关系，是决定公司经营效率和能否有效发展的关键因素。公司治理是为了保证公司决策科学性设计的制度安排，具有提升公司价值、促进决策科学化、协调利益相关者之间关系和调动管理者积极性的作用。内部控制为组织运营和管理发展到一定阶段的产物，是企业董事会、监事会、经理层和全体员工实施的，旨在实现经营管理合法合规目标、资产安全目标、财务报告及相关信息真实完整目标、提高经营效率和效果目标、促进企业实现发展战略目标的过程，是全员控制、全面控制和全程控制。公司治理作为内部控制环境，其质量的高低应该会对内部控制产生影响。公司治理主要由监督机制和激励机制构成，监督机制是股东对高层管理者的监督和制衡，目标是缓解代理问题，内部控制通常也被认为能起到监督作用，但是，它监督的对象是企业内部各层级的管理者和员工，目标是防范风险、查错纠弊、合理保证控制目标的实现。一般而言，治理层中的审计委员会或类似机构、人员负有监督公司内部控制的职责。

由此可见，公司治理和内部控制都具有监督的职能，两者的监督职能应具有一定的关联。公司治理中的激励机制主要是对高层管理者的激励，由于管理者的劳动主要是复杂的脑力劳动，不易量化，所以，要设计一系列的激励机制使其利益与公司目标一致，从而为实现企业价值最大化而努力。内部控制基本上与高层管理者激励无关。因此，内部控制与公司治理中的激励机制预期不存在显著的相关性。由以上分析可知，公司治理中的监督机制应该能够提高内部控制的有效性，激励机制对内部控制的影响不显著，据此提出如下假设：

假设 H6-1：公司治理中的监督机制能够提高内部控制的有效性。

假设 H6-2：公司治理中的激励机制对内部控制的影响不显著。

二 公司治理和内部控制关系的实证研究

（一）公司治理和内部控制关系的模型设计

公司治理和内部控制的关系迄今为止还存在较大分歧，为检验公司治理和内部控制的关系，本书借鉴相关研究构建模型（6-1），模型中相关变量的说明见本书第四章的表 4-1，内部控制（IC）的具体度量方法见本书第五章的表 5-1。

$$IC_{i,t} = \lambda_0 + \lambda_1 Sup_{i,t} + \lambda_2 Inc_{i,t} + \lambda_3 Size_{i,t} + \lambda_4 Lev_{i,t} + \lambda_5 DM_{i,t} + \sum Ind + \sum Year + \varepsilon_{i,t} \quad (6-1)$$

（二）公司治理和内部控制关系的实证检验结果与分析

1. 样本选择

本书选取 2007—2011 年 A 股主板上市公司为研究对象，剔除金融业、同时发行 B 股、H 股的上市公司以及数据缺失的公司，最后得到 5476 个样本，数据主要来自香港中文大学和国泰安信息技术有限公司共同研发的国泰安（CSMAR）数据库、上海万得信息技术股份有限公司研发的万得（Wind）数据库以及北京大学及北京色诺芬信息技术公司研发的色诺芬（CCER）数据库。

2. 描述性统计

按照公司内部控制质量对相关变量进行描述性统计，计算相关变量的均值，结果见表 6-1。

表 6 – 1　　　　　　　　　　描述性统计

变量	高质量内部控制	中质量内部控制	低质量内部控制
Sup	0.243	-0.000	-0.187
Inc	-0.054	0.038	-0.067
Size	22.369	21.748	21.146
Lev	0.528	0.621	0.785
Roa	0.051	0.056	-0.057

3. 公司治理和内部控制的相关分析

公司治理和内部控制既有联系又有区别，为厘清公司治理与内部控制之间的关系，我们利用样本数据，在控制了公司规模、负债比率和债务期限结构的基础上，分别估算公司治理（监督机制和激励机制）与内部控制的偏相关系数，结果见表 6-2。

表 6 – 2　　　　　公司治理和内部控制的相关系数分析

	Sup	Inc
相关系数	0.038***	0.009

注：***表示1%的显著性水平。

由表 6-2 的结果可知，公司治理中的监督机制和内部控制的偏相关系数为 0.038（在1%的显著性水平下显著），表明监督机制和内部控制具有显著的正相关关系；公司治理中的激励机制与内部控制的偏相关系数为 0.009，但不显著，表明激励机制与内部控制不存在显著的相关关系，与假设 H6-1 和假设 H6-2 基本相符。

4. 公司治理对内部控制影响的检验

为检验公司治理和内部控制的关系，采用样本公司数据对模型 (6-1)，使用 Ordered Logit 分析，结果见表 6-3。

由表 6-3 回归结果可知，公司治理中的监督机制和内部控制的回归系数为 0.113（在1%的显著性水平下显著）；公司治理中的激励机制与内部控制的回归系数为 0.088，但不显著。结果表明，公司治理中的监督机制能够提高内部控制的有效性,但公司治理中的激励机制对内部控制不具有显著的影响,假设 H6-1 和假设 H6-2 得到验证。

表6-3　　　　　　　　　公司治理和内部控制的关系

	系数	Z 值
Sup	0.113***	(3.490)
Inc	0.088	(1.416)
Size	0.464***	(18.134)
Lev	-0.006	(-0.222)
Roa	0.000	(1.529)
Ind	控制	控制
Year	控制	控制
Pseudo R^2	0.063	

注：***表示1%的显著性水平,对被解释变量和解释变量进行了 2% 的 Winsorize 处理。

第二节　公司治理和内部控制对非效率投资影响的理论分析

第四章和第五章分别研究了公司治理对非效率投资的抑制作用和内部控制对非效率投资的作用,本章的研究发现,公司治理(监督机制、激励机制)与内部控制存在密切的关系,即公司治理中的监督机制能够提高内部控制的有效性,但激励机制对内部控制的影响不显著。因此,本书有必要将公司治理和内部控制纳入同一研究框架中,在控制两者作用的基础上,研究公司治理和内部控制对非效率投资的抑制作用。

公司治理和内部控制对非效率投资的抑制作用有所不同。公司治理是通过股东、董事会、监事会和高层管理者之间的权力制衡,约束管理者行为，提高彼此的信任程度，解决股东和管理者、大股东和小股东之间的代理问题。内部控制是在公司治理解决了股东、董事会、监事会和高层管理者之间的权责划分的基础上，向中低层管理者和员工实施的控制活动，解决不同层级管理者之间以及管理者和一般员工之间的代理问题，合理保证既定目标的实现。公司治理主要针对的是公司战略层面，涉及公司生存发展的重大决策；内部控制主要针对的是公司运营层面，日常经营活动的决策。公司治理解决公司结构、机制的重大问题；内部控制解决具体业务的职责分工和业务流程。综上所述，公司治理有助于解决高层次、体制性的投资决策（意愿）效率问题；内部控制有助于解决相对低层次、技术性的投资实施效率问题，两者存在较为明确的分工。公司治理、内部控制与非效率投资的关系为公司治理能够抑制体制性非效率投资（国有企业的过度投资和民营企业的投资不足），内部控制能够抑制技术性非效率投资（国有企业投资不足和民营企业过度投资），公司治理中的监督机制能够显著地提高内部控制有效性，公司治理中的激励机制对内部控制的影响不显著，公司治理和内部控制抑制非效率投资的作用中存在分工效应。公司治理和内部控制在抑制非效率投资方面有着不同的作用机理，不能混淆，两者的关系如图6-1所示。由以上分析可知，公司治理和内部控制在抑制非效率投资中具有分工效应，据此提出如下假设：

假设H6-3：公司治理和内部控制在抑制非效率投资中具有分工效应。

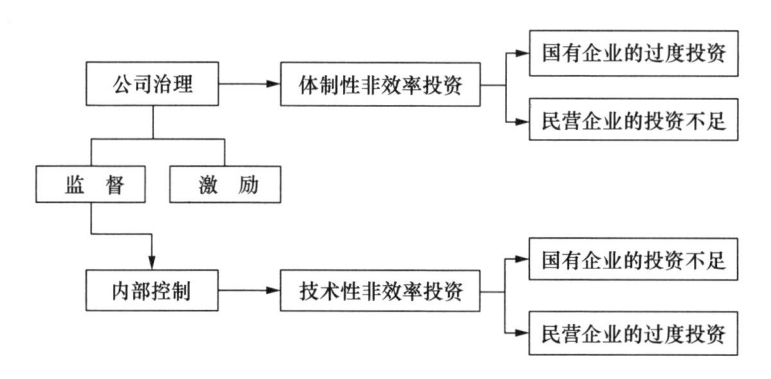

图6-1 公司治理和内部控制与非效率投资关系

第三节 公司治理和内部控制对非效率投资影响的实证检验

一 公司治理和内部控制对非效率投资影响的模型设计

为检验公司治理和内部控制对公司非效率投资的影响,本书构建模型(6-2),模型中相关变量的说明见本书第四章表4-1,内部控制(IC)的具体说明见本书第五章表5-1。

$$Ine\_Inv_{i,t} = \gamma_0 + \gamma_1 Sup_{i,t} + \gamma_2 Inc_{i,t} + \gamma_3 IC_{i,t} + \gamma_4 Fcf_{i,t} +$$
$$\gamma_5 Lev_{i,t} + \gamma_6 Size_{i,t} + \gamma_7 Roa_{i,t} + \gamma_8 DM_{i,t} + \gamma_9 Cycle_{i,t} +$$
$$\gamma_{10} Tan_{i,t} + \sum Ind + \sum Year + \varepsilon_{i,t} \quad (6-2)$$

通过对不同类型非效率投资的样本公司进行分组,分别进行回归分析公司治理和内部控制能否有效抑制公司的非效率投资,以及公司治理和内部控制在抑制非效率投资中的作用是否存在差异,检验两者的分工效应。

二 公司治理和内部控制对非效率投资影响的实证检验

为检验公司治理和内部控制对我国上市公司非效率投资的抑制作用是否存在分工效应,使用样本[①]公司数据,依据模型(6-2),进行回归分析,结果见表6-4。

由表6-4的回归结果可知,公司治理中的监督机制和激励机制与过度投资的回归系数显著为负(均在1%的显著性水平下显著),公司治理中的监督机制和激励机制与投资不足的回归系数显著为负(均在5%的显著性水平下显著),公司治理(激励机制和监督机制)能够有效地约束公司的非效率投资。内部控制与过度投资和投资不足的回归系数均显著为负(分别在10%和1%的显著性水平下显著),内部控制能够抑制公司的非效率投资。结果表明,将公司治理和内部控制纳入同一研究框架下,控制彼此之间的相关影响后,公司治理和

---

① 样本选取方法详见第三章第二节有关内容。

内部控制能够显著地抑制非效率投资。计算样本公司的 VIF 值，表明不存在严重的多重共线性。

表 6-4　　公司治理和内部控制对非效率投资的影响

	过度投资		投资不足	
	系数	T 值	系数	T 值
截距	-0.032	-0.775	0.158***	7.885
Sup	-0.006***	-3.336	-0.002**	-2.406
Inc	-0.011***	-2.828	-0.004**	-2.106
IC	-0.005*	-1.799	-0.005***	-3.664
Fcf	0.049***	3.121	-0.031***	-3.316
Lev	0.002	1.031	0.004**	2.002
Size	0.006***	3.674	-0.004***	-4.348
Roa	0.005	1.474	-0.004	-1.071
DM	0.071***	7.196	0.002	0.266
Cycle	-0.006***	-2.911	-0.004***	-4.028
Tan	0.056***	4.711	0.003	0.568
Ind	控制	控制	控制	控制
Year	控制	控制	控制	控制
调整的 R^2	0.181		0.114	

注：***、**和*分别表示 1%、5% 和 10% 的显著性水平，对被解释变量和解释变量进行了 2% 的 Winsorize 处理。

三　公司治理和内部控制对不同类型非效率投资影响的实证检验

为检验公司治理和内部控制对我国上市公司不同类型非效率投资的抑制作用是否存在分工效应，使用样本公司数据，依据模型（6-2），按照公司非效率投资的类型分组进行回归分析，结果见表 6-5。

由表 6-5 的回归结果可知，公司治理中的监督机制与体制性非效率投资（国有企业的过度投资和民营企业的投资不足）的回归系数显著为负（分别在 1% 和 5% 的显著性水平下显著），激励机制对体制性非效率投资（国有企业的过度投资和民营企业的投资不足）的回归系数与监督机制相同均显著为负（分别在 10% 和 5% 的显著性水平下显著）。公司治理中的监督机制与技术性非效率投资（国有企业的投资不足和民营企业的过度投资)的回归系数为负,但不显著。公司治理中的激励机制与国有企业的投资不足的回归系数为负,但不显著,与民营企业过度投资回归系数显著为负。

表6-5　公司治理和内部控制对不同类型非效率的影响

	过度投资		投资不足	
	国有企业（体制性）	民营企业（技术性）	国有企业（技术性）	民营企业（体制性）
截距	-0.108* (-1.959)	0.021 (0.309)	0.097*** (3.831)	0.238*** (6.567)
Sup	-0.006*** (-2.801)	-0.003 (-0.788)	-0.001 (-0.972)	-0.003** (-1.988)
Inc	-0.012* (-1.961)	-0.014*** (-2.697)	-0.004 (-1.202)	-0.007** (-2.364)
IC	-0.003 (-0.908)	-0.009* (-1.908)	-0.006*** (-3.348)	-0.003 (-1.184)
Fcf	0.056** (2.507)	0.010 (0.435)	-0.032*** (-2.596)	-0.027* (-1.781)
Lev	0.023* (1.785)	-0.000 (-0.053)	0.009* (1.764)	0.000 (0.176)
Size	0.008*** (3.295)	0.006** (1.978)	-0.002* (-1.883)	-0.006*** (-4.024)
Roa	0.105** (2.230)	0.002 (0.622)	0.003 (0.677)	-0.015** (-2.339)
DM	0.088*** (6.886)	0.047*** (2.953)	-0.002 (-0.224)	0.005 (0.512)
Cycle	-0.002 (-0.780)	-0.011*** (-3.820)	-0.004*** (-3.512)	-0.003** (-2.003)
Tan	0.046*** (3.147)	0.083*** (3.876)	-0.006 (-0.864)	0.029*** (2.828)
Ind	控制	控制	控制	控制
Year	控制	控制	控制	控制
调整的 R^2	0.199	0.174	0.121	0.124

注:***、**和*分别表示1%、5%和10%的显著性水平,对被解释变量和解释变量进行了2%的Winsorize处理。

回归结果表明，公司治理能够显著地抑制我国上市公司的体制性非效率投资，但对技术性非效率投资的抑制作用总体来讲不显著。内部控制与体制性非效率投资（国有企业的过度投资和民营企业的投资不足）的回归系数为负，但不显著；内部控制与技术性非效率投资（国有企业的投资不足和民营企业的过度投资）的回归系数显著为负（分别在1%和10%的显著性水平下显著）。回归结果表明，内部控制能够显著地抑制我国上市公司的技术性非效率投资，但对体制性非效率投资的抑制作用不显著，公司治理和内部控制对非效率投资的抑制作用存在分工效应，假设H6-3得到验证。计算样本公司的VIF值，表明不存在严重的多重共线性。

四　公司治理和内部控制对非效率投资影响的稳健性检验

（一）公司治理和内部控制对非效率投资的影响

1. 聚类现象的影响

本书采用的数据中，一家公司可能在样本中多次出现，由于公司个体因素的影响，模型误差项可能存在聚类（Cluster）现象，致使残差系列相关，为了避免该现象带来的误差对研究结果的影响，借鉴于忠泊等（2011），陈运森、谢德仁（2011）等的研究，本书按照公司对标准误差进行了聚类处理，依据模型（6-2），对公司治理、内部控制与非效率投资的关系进行稳健性检验，结果见表6-6。

表6-6　公司治理和内部控制对非效率投资的影响（聚类处理）

	过度投资		投资不足	
	系数	T值	系数	T值
截距	-0.032	-0.677	0.158***	6.652
Sup	-0.006***	-3.175	-0.002**	-2.305
Inc	-0.011***	-3.056	-0.004**	-2.357
IC	-0.005*	-1.828	-0.005***	-3.472
Fcf	0.049***	3.322	-0.031***	-2.860
Lev	0.002**	2.184	0.004	1.495
Size	0.006***	3.314	-0.004***	-4.038

续表

	过度投资		投资不足	
	系数	T值	系数	T值
Roa	0.005***	5.230	-0.004	-0.414
DM	0.071***	5.984	0.002	0.224
Cycle	-0.006***	-2.698	-0.004***	-3.318
Tan	0.056***	3.543	0.003	0.444
Ind	控制	控制	控制	控制
Year	控制	控制	控制	控制
调整的 R^2	0.181		0.114	

注：***、**和*分别表示1%、5%和10%的显著性水平。

由表6-6的回归结果可知，公司治理中的监督机制和激励机制与过度投资的回归系数显著为负（均在1%的显著性水平下显著），公司治理中的监督机制和激励机制与投资不足的回归系数显著为负（均在5%的显著性水平下显著），公司治理（激励机制和监督机制）能够有效地约束公司的非效率投资。内部控制与过度投资和投资不足的回归系数均显著为负（分别在10%和1%的显著性水平下显著），内部控制能够约束公司的非效率投资。结果表明，考虑聚类现象的影响后，将公司治理和内部控制纳入同一研究框架下，控制彼此之间的相关影响后，公司治理和内部控制能够显著地抑制非效率投资，本书的研究结论具有较强的稳健性。

2. 截断偏误的影响

由于因变量（过度投资和投资不足）分别在0处截断，最小二乘法（OLS）的回归结果可能存在截断偏误，为了避免这种偏误对研究结果的影响，借鉴Gul（2009）、李万福等（2010）、龚启辉等（2011）的研究，本书使用Tobit回归依照模型（6-2），对公司治理、内部控制与非效率投资的关系进行稳健性检验，结果见表6-7。

由表6-7的回归结果可知，公司治理中的监督机制和激励机制与过度投资的回归系数显著为负（均在1%的显著性水平下显著），公司治理中的监督机制和激励机制与投资不足的回归系数显著为负（均

表6-7　公司治理和内部控制对非效率投资的影响（截断偏误）

	过度投资		投资不足	
	系数	T值	系数	T值
截距	-0.025	-0.579	0.157***	7.766
Sup	-0.006***	-3.247	-0.002**	-2.366
Inc	-0.011***	-2.963	-0.005**	-2.197
IC	-0.005**	-2.019	-0.006***	-3.772
Fcf	0.047***	2.935	-0.033***	-3.453
Lev	0.002	0.920	0.004*	1.876
Size	0.006***	3.413	-0.004***	-4.190
Roa	0.005	1.415	-0.004	-1.064
DM	0.072***	7.215	0.001	0.149
Cycle	-0.006***	-3.104	-0.004***	-4.286
Tan	0.058***	4.842	0.003	0.533
Ind	控制	控制	控制	控制
Year	控制	控制	控制	控制

注：***、**和*分别表示1%、5%和10%的显著性水平。

在5%的显著性水平下显著），公司治理（激励机制和监督机制）能够有效地约束公司的非效率投资。内部控制与过度投资和投资不足的回归系数均显著为负（分别在5%和1%的显著性水平下显著），内部控制能够约束公司的非效率投资。结果表明，考虑截断偏误的影响后，将公司治理和内部控制纳入同一研究框架下，控制彼此之间的相关影响后，公司治理和内部控制能够显著地抑制非效率投投资，说明本书的研究结论具有较强的稳健性。

3. 投资机会的度量

由于我国资本市场的特殊环境，使用托宾Q度量上市公司的投资机会可能存在误差，因此，本书采用营业收入增长率度量公司的投资机会，在此基础上，依据模型（6-2），对公司非效率投资（过度投资和投资不足）进行计量，对公司治理、内部控制和非效率投资的关系进行稳健性检验，结果见表6-8。

表 6-8　公司治理和内部控制对非效率投资的影响 [投资机会（收入增长率）]

	过度投资		投资不足	
	系数	T 值	系数	T 值
截距	-0.071	-1.597	0.166***	8.274
Sup	-0.006***	-3.552	-0.002**	-2.253
Inc	-0.011***	-2.902	-0.005**	-2.215
IC	-0.005*	-1.702	-0.006***	-3.848
Fcf	0.053***	3.308	-0.038***	-4.053
Lev	-0.001	-0.378	0.004***	3.086
Size	0.007***	3.935	-0.004***	-4.847
Roa	0.001	0.269	-0.001	-0.275
DM	0.076***	7.670	-0.000	-0.033
Cycle	-0.005**	-2.569	-0.004***	-3.998
Tan	0.051***	4.287	0.005	0.801
Ind	控制	控制	控制	控制
Year	控制	控制	控制	控制
调整的 R^2	0.179		0.122	

注：***、**和*分别表示1%、5%和10%的显著性水平。

由表6-8的回归结果可知，公司治理中的监督机制和激励机制与过度投资的回归系数显著为负（均在1%的显著性水平下显著），公司治理中的监督机制和激励机制与投资不足的回归系数显著为负（均在5%的显著性水平下显著），公司治理（激励机制和监督机制）能够有效地约束公司的非效率投资。内部控制与过度投资和投资不足的回归系数均显著为负（分别在10%和1%的显著性水平下显著），内部控制能够约束公司的非效率投资。结果表明，投资机会度量偏差的影响，采用收入增长率作为投资机会的代理变量，对样本公司进行回归分析，发现将公司治理和内部控制纳入同一研究框架下，控制彼此之间的相关影响后，公司治理和内部控制能够显著地抑制非效率投资，说明本书的研究结论具有较强的稳健性。

为了防止单一指标度量公司投资机会可能存在的偏差，本书借鉴已有研究选择相关变量综合度量公司的投资机会（IOS），对公司治理和内部控制与非效率投资的关系进行稳健性检验，结果见表6-9。

表6-9　　　　　公司治理和内部控制对非效率投资的
　　　　　　　　　　影响［投资机会（IOS）］

	过度投资		投资不足	
	系数	T值	系数	T值
截距	-0.071	-1.607	0.151***	7.090
Sup	-0.006***	-3.470	-0.002**	-2.275
Inc	-0.011***	-2.947	-0.005**	-2.188
IC	-0.004*	-1.650	-0.005***	-3.697
Fcf	0.048***	3.063	-0.037***	-3.878
Lev	-0.001	-0.504	0.006***	2.940
Size	0.007***	3.986	-0.004***	-4.791
Roa	0.001	0.331	-0.002	-0.642
DM	0.073***	7.303	0.001	0.209
Cycle	-0.005***	-2.616	-0.004***	-4.044
Tan	0.053***	4.439	0.004	0.698
行业	控制	控制	控制	控制
年份	控制	控制	控制	控制
调整的R^2	0.176		0.120	

注：***、**和*分别表示1%、5%和10%的显著性水平。

由表6-9的回归结果可知，公司治理中的监督机制和激励机制与过度投资的回归系数显著为负（均在1%的显著性水平下显著），公司治理中的监督机制和激励机制与投资不足的回归系数显著为负（均在5%的显著性水平下显著），公司治理（激励机制和监督机制）能够有效地约束公司的非效率投资。内部控制与过度投资和投资不足的回归系数均显著为负（分别在10%和1%的显著性水平下显著），内部控制能够约束公司的非效率投资。结果表明，投资机会度量偏差的影响，采用 IOS 集作为投资机会的代理变量，对样本公司进行回归分析，发现将公司治理和内部控制纳入同一研究框架下，控制彼此之间的相关影响后，公司治理和内部控制能够显著地抑制非效率投资，说明本书的研究结论具有较强的稳健性。

（二）公司治理和内部控制对不同类型非效率投资的影响

1. 聚类现象的影响

本书采用的数据中，一家公司可能在样本中多次出现，由于公司个体因素的影响，模型误差项可能存在聚类（Cluster）现象，致使残差系列相关，为了避免该现象带来的误差对研究结果的影响，本书按照公司对标准误差进行了聚类处理，公司治理和内部控制与不同类型非效率投资的关系进行稳健性检验，结果见表 6-10。

表 6-10　公司治理和内部控制对不同类型非效率投资的影响（聚类处理）

	过度投资		投资不足	
	国有企业（体制性）	民营企业（技术性）	国有企业（技术性）	民营企业（体制性）
截距	-0.108 (-1.643)	0.021 (0.263)	0.097*** (3.330)	0.238*** (4.682)
Sup	-0.006*** (-2.598)	-0.003 (-0.788)	-0.001 (-0.949)	-0.003* (-1.904)
Inc	-0.012* (-1.880)	-0.014*** (-2.724)	-0.004 (-1.103)	-0.007*** (-2.787)
IC	-0.003 (-0.943)	-0.009* (-1.944)	-0.006*** (-3.181)	-0.003 (-1.280)
Fcf	0.056*** (2.806)	0.010 (0.454)	-0.032** (-2.441)	-0.027 (-1.485)
Lev	0.023* (1.778)	-0.000 (-0.082)	0.009 (1.209)	0.000 (0.163)
Size	0.008*** (2.880)	0.006* (1.762)	-0.002 (-1.646)	-0.006*** (-3.982)

续表

	过度投资		投资不足	
	国有企业（体制性）	民营企业（技术性）	国有企业（技术性）	民营企业（体制性）
Roa	0.105** (2.164)	0.002 (1.359)	0.003 (0.341)	-0.015** (-2.413)
DM	0.088*** (5.597)	0.047** (2.548)	-0.002 (-0.184)	0.005 (0.494)
Cycle	-0.002 (-0.745)	-0.011*** (-3.468)	-0.004*** (-2.737)	-0.003* (-1.893)
Tan	0.046** (2.318)	0.083*** (2.985)	-0.006 (-0.679)	0.029** (2.312)
行业	控制	控制	控制	控制
年份	控制	控制	控制	控制
调整的 R^2	0.199	0.174	0.121	0.124

注：***、**和*分别表示1%、5%和10%的显著性水平。

由表6-10的回归结果可知，公司治理中的监督机制与体制性非效率投资（国有企业的过度投资和民营企业的投资不足）的回归系数显著为负（分别在1%和10%的显著性水平下显著），激励机制对体制性非效率投资（国有企业的过度投资和民营企业的投资不足）的回归系数与监督机制相同均显著为负（分别在10%和1%的显著性水平下显著），公司治理能够显著地抑制我国上市公司的体制性非效率投资。内部控制与技术性非效率投资（国有企业的投资不足和民营企业的过度投资）的回归系数显著为负（分别在1%和10%的显著性水平下显著），内部控制能够显著地抑制我国上市公司的技术性非效率投资。在考虑聚类现象的影响时，公司治理和内部控制对非效率投资的抑制作用存在分工效应，说明本书的研究结论具有较强的稳健性。

2. 截断偏误的影响

由于因变量（过度投资和投资不足）分别在0处截断，最小二乘法（OLS）的回归结果可能存在截断偏误，为了避免这种偏误对研究结果的影响，借鉴Gul（2009）、李万福等（2010）、龚启辉等

(2011) 的研究，本书使用 Tobit 回归，对公司治理和内部控制与非效率投资的关系进行稳健性检验，结果见表 6-11。

表 6-11　公司治理和内部控制对不同类型非效率投资的影响（截断偏误）

	过度投资		投资不足	
	国有企业（体制性）	民营企业（技术性）	国有企业（技术性）	民营企业（体制性）
截距	-0.088 (-1.640)	0.030 (0.434)	0.081*** (2.787)	0.165*** (4.321)
Sup	-0.006*** (-2.701)	-0.003 (-0.815)	-0.001 (-0.899)	-0.004** (-2.033)
Inc	-0.012* (-1.901)	-0.015*** (-2.979)	-0.004 (-1.199)	-0.008** (-2.546)
IC	-0.004 (-1.230)	-0.008* (-1.844)	-0.006*** (-3.430)	-0.004 (-1.265)
Fcf	0.053** (2.348)	0.009 (0.371)	-0.035*** (-2.770)	-0.028* (-1.862)
Lev	0.022* (1.661)	-0.000 (-0.102)	0.008* (1.717)	0.000 (0.072)
Size	0.007*** (3.207)	0.005* (1.829)	-0.002* (-1.728)	-0.006*** (-4.006)
Roa	0.106** (2.242)	0.002 (0.587)	0.003 (0.675)	-0.016** (-2.392)
DM	0.089*** (6.892)	0.048*** (3.005)	-0.002 (-0.337)	0.005 (0.499)
Cycle	-0.002 (-0.946)	-0.012*** (-3.908)	-0.004*** (-3.566)	-0.004** (-2.379)
Tan	0.048*** (3.247)	0.085*** (4.030)	-0.007 (-0.904)	0.030*** (2.867)
行业	控制	控制	控制	控制
年份	控制	控制	控制	控制

注：***、** 和 * 分别表示 1%、5% 和 10% 的显著性水平。

由表 6-11 的回归结果可知，公司治理中的监督机制与体制性非效率投资（国有企业的过度投资和民营企业的投资不足）的回归系数显著为负（分别在 1% 和 5% 的显著性水平下显著），激励机制对体制性非效率投资（国有企业的过度投资和民营企业的投资不足）的回归系数与监督机制相同均显著为负（分别在 10% 和 5% 的显著性水平下显著），公司治理能够显著地抑制我国上市公司的体制性非效率投资。内部控制与技术性非效率投资（国有企业的投资不足和民营企业的过度投资）的回归系数显著为负（分别在 1% 和 10% 的显著性水平下显著），内部控制能够显著地抑制我国上市公司的技术性非效率投资。在考虑截断偏误的影响，公司治理和内部控制对非效率投资的抑制作用存在分工效应，说明本书的研究结论具有较强的稳健性。

3. 投资机会的度量

为了避免采用托宾 Q 度量公司的投资机会可能存在的偏差，采用收入增长率作为投资机会的度量方式，在此基础上，对公司非效率投资（过度投资和投资不足）水平进行计量，公司治理和内部控制对不同类型非效率投资的关系进行稳健性检验，结果见表 6-12。

表 6-12　公司治理和内部控制对不同类型非效率投资的影响 [投资机会（收入增长率）]

	过度投资		投资不足	
	国有企业（体制性）	民营企业（技术性）	国有企业（技术性）	民营企业（体制性）
截距	-0.097* (-1.814)	0.036 (0.530)	0.125*** (5.003)	0.241*** (6.644)
Sup	-0.006*** (-2.895)	-0.004 (-1.225)	-0.001 (-0.946)	-0.003* (-1.747)
Inc	-0.012* (-1.850)	-0.015*** (-2.844)	-0.005 (-1.250)	-0.008** (-2.565)
IC	-0.003 (-0.764)	-0.008* (-1.812)	-0.006*** (-3.248)	-0.004 (-1.277)

续表

	过度投资		投资不足	
	国有企业 （体制性）	民营企业 （技术性）	国有企业 （技术性）	民营企业 （体制性）
Fcf	0.060*** (2.643)	0.018 (0.718)	−0.036*** (−2.891)	−0.038*** (−2.589)
Lev	0.025* (1.926)	−0.004 (−1.510)	0.013*** (2.619)	0.001 (0.957)
Size	0.008*** (3.610)	0.005* (1.675)	−0.003** (−2.505)	−0.007*** (−4.217)
Roa	0.090* (1.893)	−0.002 (−0.595)	0.005 (1.008)	−0.010* (−1.783)
DM	0.089*** (6.978)	0.058*** (3.626)	−0.003 (−0.475)	0.002 (0.199)
Cycle	−0.003 (−1.033)	−0.009*** (−3.096)	−0.004*** (−3.485)	−0.003** (−2.027)
Tan	0.040*** (2.740)	0.077*** (3.599)	−0.006 (−0.785)	0.030*** (2.924)
行业	控制	控制	控制	控制
年份	控制	控制	控制	控制
调整的 R^2	0.200	0.157	0.126	0.137

注：***、**和*分别表示1%、5%和10%的显著性水平。

由表6-12的回归结果可知，公司治理中的监督机制与体制性非效率投资（国有企业的过度投资和民营企业的投资不足）的回归系数显著为负（分别在1%和10%的显著性水平下显著），激励机制对体制性非效率投资（国有企业的过度投资和民营企业的投资不足）的回归系数与监督机制相同均显著为负（分别在10%和5%的显著性水平下显著），公司治理能够显著地抑制我国上市公司的体制性非效率投资。内部控制与技术性非效率投资（国有企业的投资不足和民营企业的过度投资）的回归系数显著为负（分别在1%和10%的显著性水平下显著），内部控制能够显著地抑制我国上市公司的技术性非效率投资。考虑投资机会度量偏差的影响，采用收入增长率作为投资机构的代理变量，对样本公司进行回归分析，发现公司治理和内部控制对非效率投资的抑制作用存在分工效应，说明本书的研究结论具有较强的稳健性。

为了防止单一指标度量公司投资机会可能存在的偏差，本书构建IOS综合度量公司的投资机会，在此基础上度量公司的非效率投资水平（过度投资和投资不足）对公司治理和内部控制与不同类型非效率投资的关系进行稳健性检验，结果见表6-13。

表6-13 公司治理和内部控制对不同类型非效率投资的影响［投资机会（IOS）］

	过度投资		投资不足	
	国有企业（体制性）	民营企业（技术性）	国有企业（技术性）	民营企业（体制性）
截距	-0.112** (-2.009)	0.021 (0.306)	0.096*** (3.345)	0.161*** (4.209)
Sup	-0.006*** (-2.662)	-0.004 (-1.309)	-0.001 (-1.048)	-0.003* (-1.739)
Inc	-0.012* (-1.938)	-0.015*** (-2.877)	-0.004 (-1.165)	-0.008*** (-2.660)
IC	-0.002 (-0.638)	-0.009* (-1.883)	-0.006*** (-3.313)	-0.003 (-1.227)
Fcf	0.059*** (2.608)	0.008 (0.335)	-0.034*** (-2.803)	-0.037** (-2.430)
Lev	0.026** (1.977)	-0.003 (-1.574)	0.012** (2.446)	0.002 (0.919)
Size	0.008*** (3.469)	0.005** (1.977)	-0.002** (-2.301)	-0.007*** (-4.256)
Roa	0.093** (2.025)	-0.001 (-0.399)	0.004 (0.780)	-0.011* (-1.802)
DM	0.088*** (6.859)	0.052*** (3.222)	-0.002 (-0.301)	0.004 (0.414)

续表

	过度投资		投资不足	
	国有企业（体制性）	民营企业（技术性）	国有企业（技术性）	民营企业（体制性）
Cycle	-0.003 (-1.064)	-0.009*** (-3.077)	-0.004*** (-3.570)	-0.003* (-1.790)
Tan	0.041*** (2.771)	0.080*** (3.758)	-0.005 (-0.734)	0.030*** (2.880)
行业	控制	控制	控制	控制
年份	控制	控制	控制	控制
调整的 R^2	0.196	0.161	0.127	0.131

注：***、**和*分别表示1%、5%和10%的显著性水平。

由表6-13可知，采用综合指标（IOS）作为投资机会的度量方式，按照模型（6-1）对样本公司数据进行回归分析，发现公司治理和内部控制对非效率投资的抑制作用存在分工效应，说明本书研究结论具有较强的稳定性。

基于以上研究，尝试通过以下方法和途径，降低我国上市公司的非效率投资问题。

（三）按照非效率投资的类型，进一步完善相应的治理机制

依据公司的实际情况，判断非效率投资的类型，进一步建立健全相应的治理机制。分析可能发生体制性非效率投资和技术性非效率投资的概率、程度和比重。非效率投资类型以体制性非效率投资为主的公司，在其他相关机制合理和有效的基础上，应进一步建立和完善公司治理机制，从而有效地抑制公司的非效率投资；非效率投资类型以技术性非效率投资为主的公司，在其他相关机制合理和有效的基础上，应进一步建立和完善内部控制的有效性，提高公司投资效率。明确公司非效率投资主要所属类型和对应的治理机制的基础上，有针对性地提高相应治理机制的有效性，更好地抑制非效率投资行为的发生。

1. 非效率投资以体制性非效率投资为主的公司，结合公司的实际情况，优化公司治理水平，可以从以下两个方面考虑

（1）完善公司治理中的监督机制。首先，优化上市公司股权结构。我国上市公司大多由国有企业改制而成，仍有很大一部分上市公司股权高度集中，内部人控制问题严重，缺乏相应的股权制衡机制。尤其对于国有上市公司，存在"管理者缺位"等问题。优化公司股权结构，形成股东之间有效制衡的模式，有效地监督大股东对公司投资行为的影响，提高投资效率。对于股权过于分散的上市公司，为避免大量分散的中小股东不可能或因监督成本太高造成的"搭便车"行为，一定程度的股权集中有利于提高公司的投资决策效率。

其次，充分发挥机构投资者在公司治理中的作用。通过引入基金、券商、社保基金和QFII等金融中介机构的力量，可以有效地提高公司治理水平，抑制非效率投资行为。

再次，优化董事会制度。优化董事会制度可以通过完善董事会会议制度，提高董事会会议效率，从而更为有效地决策公司事务；改进董事会规模和独立董事的选拔与聘用机制，提高董事会的决策效率和独立董事的治理能力，避免独立董事变为"花瓶董事"；加强审计委员会、薪酬与考核委员会、战略委员会、提名委员会等的建设，为公司有效运营提供良好的内部环境。提高独立董事的独立性要改变"同构化"的董事会，适当提高中小股东在独立董事选聘过程中的作用。提高独立董事在公司提名、薪酬和战略决策中的作用和地位，提高独立董事的独立性。考虑由独立第三方（证券交易所等）支付其报酬，真正提高独立董事的独立地位。

最后，优化监事会制度及构成。完善监事会的成员构成，避免大股东对监事会成员的操控。改变目前监事会缺乏专门财务、金融、法律和业务经验人员的状况，建议将机构投资者、债权人和债务人等具有专门业务知识的利益相关者吸收到监事会中。监事会中至少设立一名执行监事，定期列席董事会会议，并向其他监事汇报日常监督情况。明确监事会的职能，防止与独立董事、审计委员会等相关部分职能重合，防止"偷懒"和"搭便车"行为发生，给予监事会更多的

独立资格和独立权，保证监事的作用能够有效发挥。

（2）完善公司治理中的激励机制。首先，适当实施股票期权等长期激励。长期激励能够拉近管理者与公司长期利益的一致性，降低管理者过度短视、追求当前利益的机会主义行为。对于上市公司的长期激励，应综合考虑各方面的因素，选择适当的程度，过低的长期激励无法有效提高管理者和公司长期利益的一致性，不能有效地抑制投资不足等行为的发生；过高的长期激励又可能诱使管理者大规模的过度投资，因此，上市公司应合理处理长期激励和短期激励的比重关系。

其次，提高管理者薪酬业绩敏感性。完善业绩评价体系和激励机制，提高管理者薪酬与业绩的敏感程度，尤其是长期薪酬与业绩之间的相关程度，提高管理者努力工作的积极性。

最后，完善独立董事激励机制。目前，我国独立董事的激励方式以津贴为主，独立董事缺乏管理公司事务的积极性。完善独立董事激励机制，改变以津贴为主的激励模式，逐步实现以津贴、年薪、股权等多种方式并存，长期激励和短期激励相结合的激励方式，提高独立董事与公司长期利益的一致程度，有利于独立董事监督作用的发挥。

2. 非效率投资以技术性非效率投资为主的公司，结合公司的实际情况，优化内部控制水平

完善公司内部控制体系，优化公司内部环境、风险防范机制、控制活动、信息和沟通活动以及内部监督。强化内部控制认识，实现内部控制全员参与，防止被动遵守内部控制。公司应加强日常监督和专项监督力度，重点监督高风险且重要的项目以及内部控制环境的变化，确保内部控制的有效运行。定期依据公司内、外部环境的变化对控制活动的有效性进行检查和完善，及时发现不足，对存在的缺陷和不足进行修正。结合公司的具体情况，分析存在的优势和劣势、机会和风险，识别和分析公司可能存在的风险、风险的重大程度和控制方法，建立有效的风险应对和风险转嫁机制。内部控制不仅是制度的设计，还包括制度执行和监督，提高内部控制质量，实现事前、事中和事后的全面控制，既有提高内部控制的设计有效性，又提高内部控制实际执行的有效性，从而有效抑制公司的非效率投资。

（四）完善金融体制改革，缓解融资约束程度，降低体制性因素对公司投资行为的影响

目前，我国资本市场尚不发达，存在融资结构单一、中小企业融资难、高股权融资偏好等问题，债券市场的发展落后于股票市场。金融体制改革不仅有利于我国金融业的有效发展，而且是改善上市公司资本结构、提高投资效率的重要举措。债券市场的建设和完善，有利于为企业融资提供合理的融资环境、公平有效的融资平台、通畅的融资渠道和融资机制。加速利率的市场化改革，实现利率定价市场化，使上市公司的融资行为完全市场化。金融体制的改革不仅要提高国有企业的融资效率，更重要的是要提高民营企业的融资效率，切实解决民营企业的融资难问题。推进资本市场发展，完善金融服务体系，拓宽上市公司融资渠道，降低融资约束等体制性因素对公司投资行为的影响，从而提高公司的整体价值。

（五）完善相关政策规定，减少预算软约束，降低体制性因素对公司投资行为的影响

预算软约束是影响上市公司投资决策的重要体制性因素。存在预算软约束的上市公司预期能够获得政府的援助，具有较低的破产风险。在这样的条件下，具有预算软约束的公司管理者出于个人私利可能使用公司资源进行大规模的非效率投资，甚至当发现投资项目存在缺陷时，拒绝终止投资项目。预算软约束的存在不仅会促使公司非效率投资行为的发生，同时还降低了资金配置效率，提高了金融风险。因此，应完善地方官员政绩考核标准和晋升机制，降低地方官员考核和晋升与当地公司投资规模的关联度，不断推进国有银行改革，建立健全企业破产机制，逐步解决上市公司，尤其是国有上市公司的预算软约束问题，实现债务对企业的硬约束。

（六）规范政府行为，降低体制性因素对公司投资的影响

政府干预是影响公司投资决策的另一个重要的体制性因素。地方政府出于自身利益的考虑，可能对公司的行为进行干预。政府干预导致公司的投资决策不仅要考虑投资项目的优劣还要考虑社会、就业、地区发展等多方面问题，使公司的投资偏离最优水平，发生非效率投

资。因此，要合理划分政府和市场的边界，加快政企分离，防止以"宏观调控"的名义干预微观经济体的行为，坚持市场在资源配置中的基础性作用，实现地方政府对经济发展的影响从"有形之手"向"无形之手"转变。政府应为企业的投资提供必要的支持和有效的政策指引，为企业投资创造良好的外部环境。除少数涉及国计民生、战略开发、限制性产业等具有重大影响的投资项目外，应合理授予企业投资项目决定权和受益权，并由企业承担相应的风险，促使企业投资决策以项目的经济收益为基础，减少体制性因素对投资决策的干扰。

在通过大量理论分析和实证检验的基础上，针对研究结论，寻求抑制非效率投资的途径和方法，首先根据公司的实际情况，确定具体的非效率投资的类型；其次，依据非效率投资的类型，选取相应的应对方案和方法。以体制性非效率投资为主的公司，主要通过完善公司治理中的监督机制和激励机制来提供投资效率，同时也应兼顾技术性问题的影响；以技术性非效率投资为主的公司，主要通过完善内部控制，降低技术性错误导致的非效率投资，同时兼顾体制性因素的影响。另外，政府、金融机构等相关部门也应进一步完善相应的法律法规和制度，从外部制度环境出发，帮助企业降低非效率投资，提高投资效率。

综上所述，本章在分析公司治理和内部控制关系的基础上，首次将公司治理和内部控制纳入同一个研究框架中，研究两者对非效率投资抑制作用。首先，对公司治理和内部控制的关系进行实证检验，发现公司治理中的监督机制与内部控制的回归系数显著为正；激励机制与内部控制的回归系数不显著，表明有效的监督机制对内部控制具有正向的促进作用，激励机制与内部控制的关系不显著。由此得出公司治理和内部控制不能混为一谈。由于公司治理和内部控制之间密切的关联，有必要对公司治理、内部控制和非效率投资纳入同一框架中进行研究。通过理论分析和实证检验，发现公司治理和内部控制与非效率投资（过度投资和投资不足）的回归系数显著为负，表明公司治理和内部控制能够显著地抑制公司的非效率投资。本章进一步对公司治理和内部控制对不同类型非效率投资的影响进行检验，研究发现，总体来讲，公司治理与体制性非效率投资的回归系数显著为负，与技术性非效率投资的回归系数不显著；内部控制与技术性非效率投资的回归系数显著为负，与体制性非效率投资的回归系数不显著。结果表明，公司治理能够显著地抑制公司的体制性非效率投资，内部控制能够显著地抑制公司的技术性非效率投资，两者对非效率投资的抑制作用存在分工效应。选用多种方法对研究进行稳健性检验，结论基本一致，研究结论具有较强的稳健性。最后，基于理论分析和实证检验的结论，指明上市公司抑制非效率投资，有效提高投资效率的途径和方法。

本书的研究为如何提高上市公司投资效率提供了新的证据，同时也为上市公司完善公司治理机制，建立健全内部控制制度提供支持。本书以前期大量理论文献中隐含的假设——代理问题和信息不对称问题导致管理者的非效率投资，造成上市公司资金滥用为基础，并提供了直接的经验支持。同时从公司技术流程的视角，为有效地抑制上市公司非效率投资进行了深入的分析和研究。在对内部控制质量进行更为有效度量的基础上，在实证检验表明，内部控制能够有效地抑制非效率投资，解决了相关的模糊认识和学术分歧。在区分体制性非效率投资和技术性非效率投资的基础上，依据两类非效率投资产生的不同内在机理，寻求相应的解决机制，为有效地抑制非效率投资提供了全新的视角。本书将公司治理和内部控制纳入同一实证研究框架中，研究它们对非效率投资的抑制作用，厘清了公司治理（监督机制和激励机制）与内部控制在抑制非效率投资方面的作用差异，发现它们在此过程中存在分工效应。为学术界提高对公司治理和内部控制之间关系的认识具有积极的探索价值。非效率投资是我国上市公司面临的一项长期问题，通过本书的研究希望能够为理论界和实务界提供帮助。

参考文献

[1] 白重恩、刘俏、陆洲、宋敏、张俊喜：《中国上市公司治理结构的实证研究》，《经济研究》2005年第2期。

[2] 北京大学中国经济研究中心宏观组：《产权约束、投资低效与通货紧缩》，《经济研究》2004年第9期。

[3] 蔡吉甫：《管理层持股、自由现金流量与过度投资》，《云南财经大学学报》2009年第5期。

[4] 蔡吉甫：《上市公司过度投资动因研究——基于经理报酬视角的分析》，《河北经贸大学学报》2009年第5期。

[5] 曹书军、刘星：《股权制衡与公司投资——一个委托—代理模型》，《预测》2009年第3期。

[6] 陈艳：《股权结构与国有企业非效率投资行为治理——基于国有企业上市公司数据的实证分析》，《经济与管理研究》2009年第5期。

[7] 陈运森、谢德仁：《网络位置、独立董事治理与投资效率》，《管理世界》2011年第7期。

[8] 陈仲常、刘佳、林川：《中国上市公司董事会特征与公司业绩的实证分析》，《经济与管理研究》2009年第11期。

[9] 程晓陵、王怀明：《公司治理结构对内部控制有效性的影响》，《审计研究》2008年第4期。

[10] 程新生、刘建梅、王子璇：《媒体关注能提高公司投资效率吗？》，《财经论丛》2015年第4期。

[11] 程哲：《公司治理对投资不足的影响性研究》，《财会通讯》2011年第33期。

［12］程仲鸣、夏新平、余明桂：《政府干预、金字塔结构与德方国有上市公司投资》，《管理世界》2008 年第 9 期。

［13］程仲鸣、夏银桂：《控股股东、自由现金流与企业过度投资》，《经济与管理研究》2009 年第 2 期。

［14］储一昀、仓勇涛：《财务分析师预测的价格可信吗？——来自中国证券市场的经验证据》，《管理世界》2008 年第 3 期。

［15］单华军：《内部控制、公司违规与监管绩效改进——来自 2007—2008 年深市上市公司的经验证据》，《中国工业经济》2010 年第 11 期。

［16］窦伟、刘星：《债务杠杆、所有权特征与中国上市公司投资行为研究》，《经济与管理研究》2011 年第 2 期。

［17］窦炜、刘星、安灵：《股权集中度、控制权配置与公司非效率投资——兼论大股东的监督抑或合谋?》，《管理科学学报》2011 年第 11 期。

［18］方红星、池国华：《内部控制》，东北财经大学出版社 2011 年版。

［19］龚启辉、李琦、吴联生：《政府控制对审计治理的双重影响》，《会计研究》2011 年第 8 期。

［20］韩忠雪、尚娟、周婷婷：《董事会激励、所有权结构与公司价值——基于中国上市公司面板数据的分析》，《山西财经大学学报》2009 年第 3 期。

［21］郝颖、林朝南、刘星：《股权控制、投资规模与利益获取》，《管理科学学报》2010 年第 7 期。

［22］郝颖、刘星：《基于公司治理视角的企业投资行为研究》，《财经科学》2010 年第 9 期。

［23］何源、白莹、文翘翘：《负债融资、大股东控制与企业过度投资行为》，《系统工程》2007 年第 3 期。

［24］胡国柳、裘益政、黄景贵：《股权结构与企业资本支出决策：理论与实证分析》，《管理世界》2006 年第 1 期。

［25］胡国柳、周德建：《股权制衡、管理者过度自信与企业过度投资的实证研究》，《商业经济与管理》2012 年第 9 期。

［26］黄乾富、沈红波：《债务来源、债务期限结构与现金流的过度投资——基于中国制造业上市公司的实证证据》，《金融研究》2009 年第 9 期。

［27］简建辉、余中福、何平林：《经理人激励与公司过度投资——来自中国 A 股的经验证据》，《管理评论》2011 年第 4 期。

［28］江伟、李斌：《制度环境、国有产权与银行差别贷款》，《金融研究》2006 年第 11 期。

［29］姜付秀、付志宏、苏飞、黄磊：《管理者背景特征与企业过度投资行为》，《管理世界》2009 年第 1 期。

［30］姜凌、曹瑜强、廖东声：《治理结构与投资效率关系研究——基于国有与民营上市公司的分析》，《财经问题研究》2015 年第 10 期。

［31］李连华：《公司治理结构与内部控制的链接和互动》，《会计研究》2005 年第 2 期。

［32］李培功、肖珉：《CEO 任期与企业资本投资》，《金融研究》2012 年第 2 期。

［33］李青原：《会计信息质量、审计监督与公司投资效率》，《审计研究》2009 年第 4 期。

［34］李万福、林斌、宋璐：《内部控制在公司投资中的角色：效率促进还是抑制？》，《管理世界》2011 年第 2 期。

［35］李万福、林斌、杨德明、孙烨：《内控信息披露、企业过度投资与财务危机——来自中国上市公司的经验证据》，《中国会计与财务研究》2010 年第 4 期。

［36］李维安、姜涛：《公司治理与企业过度投资行为研究——来自中国上市公司的证据》，《财贸经济》2007 年第 12 期。

［37］李维安、武立东：《公司治理教程》，上海人民出版社 2002 年版。

［38］李维安、张立党、张苏：《公司治理、投资者异质性与股票投资风险——基于中国上市公司的实证研究》，《南开管理评论》2012 年第 6 期。

[39] 李香梅、袁玉娟、戴志敏：《控制权私有收益、公司治理与非效率投资研究》，《华东经济管理》2015 年第 3 期。

[40] 李小军、王平心：《投资机会与股权结构对公司财务政策的影响》，《系统工程》2008 年第 6 期。

[41] 李焰、秦义虎、张肖飞：《企业产权、管理者背景特征与投资效率》，《管理世界》2011 年第 1 期。

[42] 李育红：《公司治理结构与内部控制有效性——基于中国沪市上市公司的实证研究》，《财经科学》2011 年第 2 期。

[43] 李远勤、郭岚、张祥建：《上市公司投资行为的结构与分布特征——基于大股东控制和成长能力的分析》，《管理评论》2009 年第 6 期。

[44] 林钟高、郑军、王书珍：《内部控制与企业价值研究——来自沪深两市 A 股的经验分析》，《财经研究》2007 年第 4 期。

[45] 刘斌、吴亚玲：《会计稳健性与资本投资效率的实证研究》，《审计与经济研究》2011 年第 4 期。

[46] 刘昌国：《公司治理机制、自由现金流量与上市公司过度投资行为研究》，《经济科学》2006 年第 4 期。

[47] 刘怀珍、欧阳令南：《经理私人利益与过度投资》，《系统工程理论与实践》2004 年第 10 期。

[48] 刘银国、焦健、张深：《股利政策、自由现金流与过度投资——基于公司治理机制的考察》，《南开管理评论》2015 年第 4 期。

[49] 罗富碧、冉茂盛、杜家挺：《高管人员股权激励与投资决策关系的实证研究》，《会计研究》2008 年第 8 期。

[50] 罗进辉、万迪昉、蔡地：《大股东治理与管理者过度投资行为》，《经济管理》2008 年第 19—20 期。

[51] 骆良彬、王河流：《基于 AHP 的上市公司内部控制质量模糊评价》，《审计研究》2008 年第 6 期。

[52] 吕俊：《政府干预和治理结构对公司过度投资的影响》，《财经问题研究》2012 年第 1 期。

[53] 吕兆德、徐晓薇：《董事会过度自信与过度投资——兼论公司治

理的调节效应》，《山西财经大学学报》2016年第3期。

[54] 马君潞、李泽广、王群勇：《金融约束、代理成本假说与企业投资行为——来自中国上市公司的经验证据》，《南开经济研究》2008年第1期。

[55] 梅丹：《国有产权、公司治理与非效率投资》，《证券市场导报》2009年第4期。

[56] 梅丹：《政府干预、预算软约束与过度投资——基于我国国有上市公司2004—2006年的证据》，《软科学》2009年第11期。

[57] 欧阳凌、欧阳令南、周红霞：《股权、市场结构、最优负债和非效率投资》，《财经研究》2005年第6期。

[58] 冉茂盛、钟海燕、文守逊、邓流生：《大股东控制影响上市公司投资效率的路径研究》，《中国管理科学》2010年第4期。

[59] 任春艳：《从企业投资效率看盈余管理的经济后果——来自中国上市公司的经验证据》，《财经研究》2012年第2期。

[60] 孙光国、莫冬燕：《内部控制对财务报告可靠性起到保证作用了吗？——来自我国上市公司的经验证据》，《财经问题研究》2012年第3期。

[61] 孙铮、李增泉、王景斌：《所有权性质、会计信息与债务契约——来自我国上市公司的经验证据》，《管理世界》2006年第10期。

[62] 谭利、杨苗：《不同制度环境下公司治理对投资效率的影响》，《证券市场导报》2015年第12期。

[63] 唐蓓、潘爱玲、王英英：《控股股东对过度投资影响的实证研究——来自中国上市公司的经验证据》，《经济与管理研究》2011年第8期。

[64] 唐雪松、周晓苏、马如静：《上市公司过度投资行为及其制约机制的实证研究》，《会计研究》2007年第7期。

[65] 王成方、罗明琦、张胜、张敏：《投资效率、企业产权与高管变更——基于中国上市公司的经验证据》，《上海立信会计学院学报》2010年第1期。

[66] 王鲁平、毛伟平：《财务杠杆、投资机会与公司投资行为——基于制造业上市公司 Panel Date 的证据》，《管理评论》2010 年第 11 期。

[67] 魏明海、柳建华：《国企分红、治理因素与过度投资》，《管理世界》2007 年第 4 期。

[68] 邬国梅：《上市公司过度投资行为及其治理机制的实证研究》，《广东商学院学报》2009 年第 1 期。

[69] 吴益兵、廖义刚、林波：《股权结构对企业内部控制治理的影响分析——基于 2007 年上市公司内部控制信息数据的检验》，《当代财经》2009 年第 9 期。

[70] 晓芳、徐杨：《上市公司内部控制水平与非效率投资关系研究》，《会计之友》2015 年第 1 期。

[71] 谢军、李千子：《非效率投资的因素分析——来自公司治理结构的证据》，《上海商学院学报》2011 年第 1 期。

[72] 辛清泉、林斌、王彦超：《政府控制、经理薪酬与资本投资》，《经济研究》2007 年第 8 期。

[73] 熊婷、程博：《高管团队薪酬差距与企业过度投资》，《软科学》2017 年第 1 期。

[74] 熊小舟、李仕明、李金：《股权结构、投资与公司绩效——基于国内 IPO 公司的实证分析》，《系统工程》2008 年第 2 期。

[75] 徐朝辉、周宗放：《内部控制、过度投资与公司信用风险》，《中国管理科学》2016 年第 9 期。

[76] 徐晓东、张天西：《公司治理、自由现金流与非效率投资》，《财经研究》2009 年第 10 期。

[77] 许永斌、郑金芳：《中国民营上市公司家族控制权特征与公司绩效实证研究》，《会计研究》2007 年第 11 期。

[78] 闫华红、殷冰洁：《国有上市公司非效率投资行为检验及影响因素分析》，《经济与管理研究》2010 年第 5 期。

[79] 严也舟、王祖山：《中国上市公司过度投资的实证研究》，《河北经贸大学学报》2012 年第 3 期。

[80] 杨丹、王宁、叶建明：《会计稳健性与上市公司投资行为——基于资产减值角度的实证分析》，《会计研究》2011年第3期。

[81] 杨清香、俞麟、胡向丽：《不同产权形之下股权结构对投资行为的影响——来自中国上市公司的经验证据》，《中国软科学》2010年第7期。

[82] 杨兴全、张照南、吴昊旻：《治理环境、超额持有现金与过度投资——基于我国上市公司面板数据的分析》，《南开管理评论》2010年第5期。

[83] 杨兴全、吴昊旻、曾义：《公司治理与现金持有竞争效应——基于资本投资中介效应的实证研究》，《中国工业经济》2015年第1期。

[84] 杨有红、胡燕：《试论公司治理与内部控制的对接》，《会计研究》2004年第10期。

[85] 姚明安、孔莹：《财务杠杆对企业投资的影响——股权集中背景下的经验研究》，《会计研究》2008年第4期。

[86] 于增彪、王竞达：《企业内部控制评价体系的构建——基于亚新科工业技术有限公司的案例研究》，《审计研究》2007年第3期。

[87] 于忠泊、田高良：《内部控制评价报告真的有用吗——基于会计信息质量、资源配置效率视角的研究》，《山西财经大学学报》2009年第10期。

[88] 于忠泊、田高良、齐保垒、张皓：《媒体关注的公司治理机制——基于盈余管理视角的考察》，《管理世界》2011年第9期。

[89] 俞红海、徐龙炳、陈百助：《终极控股股东控制权与自由现金流过度投资》，《经济研究》2010年第8期。

[90] 袁玉平、陈玥、袁淳：《基于代理成本视角的公司投资支出季度性差异研究》，《证券市场导报》2008年第6期。

[91] 张栋、杨淑娥、杨红：《第一大股东股权、治理机制与企业过度投资——基于中国制造业公司Panel Data的研究》，《当代经

济科学》2008年第4期。

[92] 张功富、宋献中：《我国上市公司投资：过度还是不足？——基于深沪工业类上市公司非效率投资的实证度量》，《会计研究》2009年第5期。

[93] 张国清：《内部控制与盈余管理——基于2007年A股公司的经验证据》，《经济管理》2008年第23—24期。

[94] 张海龙、李秉祥：《经理管理防御对企业过度投资行为影响的实证研究——来自我国制造业上市公司的经验证据》，《管理评论》2010年第7期。

[95] 张会丽、陆正飞：《现金分布、公司治理与过度投资——基于我国上市公司及其子公司的现金持有状况的考察》，《管理世界》2012年第3期。

[96] 张龙平、王军只、张军：《内部控制鉴证对会计盈余质量的影响研究》，《审计研究》2010年第2期。

[97] 张敏、吴联生、王亚平：《国有股权、公司业绩与投资行为》，《金融研究》2010年第12期。

[98] 张旺峰、张兆国、杨清香：《内部控制与审计定价研究——基于中国上市公司的经验证据》，《审计研究》2011年第5期。

[99] 张维迎：《博弈论与信息经济学》，上海三联书店2004年版。

[100] 张学勇、廖理：《股权分置改革、自愿性信息披露与公司治理》，《经济研究》2010年第4期。

[101] 张兆国、张旺峰、杨清香：《目标导向下的内部控制评价体系构建及实证检验》，《南开管理评论》2011年第1期。

[102] 中国上市公司内部控制指数研究课题组：《中国上市公司内部控制指数研究》，《会计研究》2011年第12期。

[103] 钟海燕、冉茂盛、文守逊：《政府干预、内部人控制与公司投资》，《管理世界》2010年第7期。

[104] 周明、李宗植、李军山：《过度投资与其制约因素的实证分析——以制造业上市公司为例》，《数理统计与管理》2009年第4期。

[105] 周泽将:《董事会会议、过度投资与企业绩效——基于国有上市公司 2001—2011 年的经验证据》,《经济管理》2015 年第 1 期。

[106] 周中胜:《管理层薪酬、现金流与代理成本》,《上海经济研究》2008 年第 4 期。

[107] 朱海珅、闫贤贤:《董事会治理结构对企业内部控制影响的实证研究——来自中国上市公司的数据》,《经济与管理》2010 年第 1 期。

[108] 朱卫东、李永志、何秀余:《基于 BP 审计网络的企业内部控制体系评价研究》,《运筹与管理》2005 年第 4 期。

[109] Akerlof, G. A., "The Market for 'Lomon's': Quality Uncertainty and the Market Mechanism", *The Quatrly Journal of Economics*, MIT Press, Vol. 84, No. 3, 1970, pp. 488 – 500.

[110] Allen, F., Qian, J. and Qian, M., "Law, Finance and Economics Growth in China", *Journal of Economics*, Vol. 77, No. 1, 2005, pp. 57 – 116.

[111] Almeida, H., Campello, M. and Weisbach, M., "The Cash Flow Sensitivity of Cash", *Journal of Finance*, Vol. 59, No. 4, 2004, pp. 1777 – 1804.

[112] Amir, E., Harris, T. and Venuti, E. V., "A Comparison of the Value – Relevance of U. S. Versus Non – U. S. GAAP Accounting Measures Using Form 20 – F Reconciliations", *Journal of Accounting Research*, Vol. 31, 1993, pp. 230 – 264.

[113] Ashbaugh – Skaife, H., Collins, D. W., Kinney, W. R. and Lafond, R., "Deficiencies on Firm Risk and Cost of Equity", *Journal of Accounting Research*, Vol. 47, No. 1, 2009, pp. 1 – 43.

[114] Bebchuk, L. and Stole, L. A., "Do Short – Term Objectives Lead to Under – or Over – Investment in Long – Term Projects?", *The Journal of Finance*, Vol. 48, No. 2, 1993, pp. 719 – 729.

[115] Berle, J. A. and Means, G. C., *The Modern Corporation and Pri-*

vate Property, New York: Macmillan, 1932.

[116] Bertrand, M. and Mullainathan, S., "Enjoying the Quiet Life? Corporate Governance and Managerial Preferences", *Journal of Political Economy*, Vol. 111, No. 5, 2003, pp. 1043 – 1075.

[117] Bhide, A., "The Hidden Costs of Stock Market Liquidity", *Journal of Financial Economics*, Vol. 34, No. 1, 1993, pp. 31 – 51.

[118] Biddle, G., Hilary, G. and Verdi, R. S., "How does Financial Reporting Quality Relate to Investment Efficiency?", *Journal of Accounting and Economics*, Vol. 48, No. 2 – 3, 2009, pp. 112 – 131.

[119] Blair, M., *Ownership and Control: Rethinking Corporate Governance for the Twenty First Century*, Brookings Institution, Washington D. C., 1995.

[120] Brainard, W. C. and Tobin, J., "Pitfalls in Financial Model Building", *American Economic Review*, Vol. 58, No. 2, 1968, pp. 66 – 122.

[121] Brandt, L. and Li, H., "Bank Discrimination in Transition Economics: Ideology, Information, or Incentives?", *Journal of Comparative Economics*, Vol. 31, No. 3, 2003, pp. 387 – 413.

[122] Cheng, M., Dhaliwal, D. and Zhang, Y., "Does Investment Efficiency Improve after the Disclosure of Material Weaknesses in Internal Control over Financial Reporting?", *Journal of Accounting and Economics*, Vol. 56, No. 1, 2013, pp. 1 – 18.

[123] Clark, M. J., "Business Acceleration and the Law of Demand: a Technical Factor in Economic Cycles", *Journal of Political Economy*, Vol. 25, No. 3, 1917, pp. 217 – 235.

[124] Cleary, S., "The Relationship between Firm Investment and Financial Status", *Journal of Finance*, Vol. 54, No. 2, 1999, pp. 673 – 692.

[125] Cochran, Wartick, "The Banance of Power in Close Corporations", *Journal of Financial Economics*, Vol. 58, No. 1 – 2, 1998,

pp. 113 – 139.

[126] Coffee, J., "Liquidity versus control: The Institutional Investor as Corporate Monitor", *Colmbia Law Revies*, Vol. 91, No. 6, 1991, pp. 1277 – 1368.

[127] Cressy, R. and Olofsson, C., "The Financial Conditions for Swedish SMEs: Sruvey and Research Agenda", *Small Business Economics*, Vol. 9, No. 2, 1997, pp. 179 – 194.

[128] Doyle, J. T., Ge, W. and McVay, S., "Accruals Quality and Internal Control over Financial Reporting", *The Accounting Review*, Vol. 82, No. 5, 2007, pp. 1141 – 1170.

[129] Eisdorfer, A., Giaccotto, C. and White, R., "Capital Structure, Executive Compensation, and Investment Efficiency", *Journal of Banking & Finance*, Vol. 37, No. 2, 2013, pp. 549 – 562.

[130] Fama, E. and Jensen, M., "Agency Problems and Residual Claims", *Journal of Law and Economics*, Vol. 26, No. 2, 1983, pp. 327 – 349.

[131] Fazzari, S. R., Hubbard, Peterson B., Blinder, A., Poterba, J., "Financing Constraints and Corporate Investment", *Brookings Papers on Economic Activity*, Vol. 1, 1988, pp. 141 – 206.

[132] Gedajlovic, E. and Shapiro, D., "Management and Ownership Effects: Evidence from Five Countries", *Strategic Management Journal*, Vol. 19, No. 6, 1998, pp. 533 – 553.

[133] Goh, B. W., "Audit Committees, Board of Directors, and Remediation of Material Weaknesses in Internal Control", *Comtemporary Accounting Research*, Vol. 26, No. 2, 2009, pp. 549 – 579.

[134] Gomes, A., "Going Public without Governance: Managerial Reputation Effects", *Journal of Finance*, Vol. 55, No. 2, 2000, pp. 615 – 646.

[135] Gompers, P. A., "Grand Standing in the Venture Capital Industry", *Journal of Financial Economics*, Vol. 42, No. 1, 1996, pp.

133 – 156.

[136] Grossman, Hart O., "Disclosure Laws and Takeover Bids", *Journal of Finance*, Vol. 35, No. 2, 1980, pp. 323 – 327.

[137] Grundy, B. D. and Li, H., "Investor Sentiment, Excecutive Compensation, and Corporate Investment", *Journal of Banking & Finance*, Vol. 34, No. 10, 2010, pp. 2439 – 2449.

[138] Gul, F. A., Fung, S. and Jaggi, B., "Earnings Quality: Some Evidence on the Role of Auditor Tenure and Aditors' Industry Expertise", *Journal of Accounting and Economics*, Vol. 47, No. 3, 2009, pp. 265 – 287.

[139] Gupta, P., "Management's Evaluation of Internal Controls under Section 404 (a) Using the COSO 1992 Control Framework: Evidence from Practice", *International Journal of Disclosure and Governance*, Vol. 5, No. 1, 2008, pp. 48 – 68.

[140] Hadlock, C. J., "Ownership, Liquidity, and Investment", *RAND Journal of Economics*, Vol. 29, No. 3, 1998, pp. 87 – 508.

[141] Hart, O., "Corporate Governance: Some Theory and Applications", *The Economic Journal*, Vol. 105, 1995, pp. 687 – 689.

[142] Hoitash, U., Hoitash, R. and Bedard, J. C., "Corporate Governmence and Internal Control over Financial Reporting: A Comparison of Regulatory Regimes", *The Accouting Review*, Vol. 84, No. 3, 2009, pp. 839 – 867.

[143] Holmstrom, B. and Costa, J. R., "Managerial Incentives and Capital Management", *Journal of Economics*, Vol. 101, 1986 (4), pp. 835 – 860.

[144] Inderst, R. and Klein, M., "Innovation, Endogenous Over – investment, and Incentive Pay", *Rand Journal of Economics*, Vol. 38, No. 4, 2007, pp. 881 – 904.

[145] Jaffee, D. M. and Russell, T., "Imperfect Information, Uncertainty, and Credit Rationing", *The Quarterly Journal of Econom-

ics, Vol. 90, No. 4, 1976, pp. 651 – 666.

[146] Jensen, M. and Meckling, W., "Theory of the Firm: Managerial Behavior, Agency Costs and Ownership Structure", *Journal of Financial Economics*, Vol. No. 3, 1976, pp. 305 – 360.

[147] Jensen, M. C., "Agency Costs of Free Cash Flow, Corporate Finance, and Takeovers", *American Economic Review*, Vol. 76, No. 2, 1986, pp. 323 – 329.

[148] Jensen, M. C., "The Modern Industrial Revolution, Exit, and the Failure of Internal Control Systems", *Journal of Finance*, Vol. 48, No. 3, 1993, pp. 831 – 880.

[149] Johnson, E. C., "An Insider's Look at Institutional Investors", *Harvard Business Review*, Vol. 7 – 8, 1990, pp. 195 – 196.

[150] Jorgenson, D. W., "Capital Theory and Investment Behavior", *American Economic Review Papers and Proceedings*, Vol. 52, 1963, pp. 247 – 295.

[151] Kaplan, S. N., "The Effects of Management Buyouts on Operating Performance and Value", *Journal of Financial Economics*, Vol. 24, No. 2, 1989, pp. 217 – 254.

[152] Kaplan, S. N. and Zingales, L., "Do Investment – Cash Flow Sensitivities Provide Useful Measures of Financing Constraints?", *Quarterly Journal of Economics*, Vol. 112, No. 1, 1997, pp. 169 – 215.

[153] Kim, J., Song, B. and Zhang, L., "Internal Control Weakness and Bank Loan Contracting: Evidence from SOX Section 404 Disclosures", *The Accounting Review*, Vol. 86, No. 4, 2011, pp. 1157 – 1188.

[154] Komai, J., "The Soft Budget Constraint", *Kyklos*, Vol. 39, No. 1, 1986, pp. 3 – 30.

[155] Koyck, L. M., *Distributed Lags and Investment Analysis*, Amsterdam: Nroth Holland Publishing Company, 1954.

[156] La Porta, R., Lopez – de – Silanes, F. and Shleifer, A., "Corporate Ownership Around the World", *The Journal of Finance*, Vol. 54, No. 2, 1999, pp. 71 – 517.

[157] Lamont, O., Polk, C. S. and Requejo, J., "Financial Constraints and Stock Returns", *Review of Financial Studies*, Vol. 14, No. 2, 2001, pp. 529 – 554.

[158] Lopez – Iturriaga, F. and Rrodrguezí – Sanz, J. A., "Ownership Structure, Corporate Value and Frim Investment: A Simultaneous Equations Analysis of Spanish Companies", *Journal of Management and Governance*, Vol. 5, No. 2, 2001, pp. 197 – 204.

[159] McConnell, J. and Muscarella, C. J., "Corporate Capital Expenditure Decisions and the Market Value of Firm", *Journal of Financial Economics*, Vol. 14, No. 3, 1985, pp. 399 – 422.

[160] Murphy, K. J., "Corporate Performance and Managerial Remuneration: An Empirical Analysis", *Journal of Accounting and Economic*, Vol. 7, No. 1, 1985, pp. 11 – 42.

[161] Myers, S., "Determinants of Corporate Borrowing", *Journal of Financial Economics*, Vol. 5, 1977, pp. 147 – 175.

[162] Myers, S. and Majluf, N., "Corporate Financing and Investment Decisions When Firms Have Information that Investors Do not Have", *Journal of Financial Economics*, Vol. 13, 1984, pp. 187 – 222.

[163] Narayanan, M. P., "Manaerial Incentives for Short – Term Results", *Journal of Finance*, Vol. 40, No. 5, 1985, pp. 469 – 484.

[164] Narayanan, M., "Debt vs. Equity Under Asymmetric Information", *Journal of Financial and Quantitative Analysis*, Vol. 23, No. 1, 1988, pp. 39 – 51.

[165] Ogneva, M., Subramanyan, K. R. and Raghunandan, K., "Internal Control Weakness and Cost of Equity: Evidence from SOX Section 404 Disclosures", *The Accounting Review*, Vol. 82, No. 5,

2007, pp. 1255 – 1297.

[166] Ohlson, J., "Earnings, Book Values, and Dividends in Equity Valuation", *Contemporary Accounting Research*, Vol. 11, No. 2, 1995, pp. 661 – 687.

[167] Parthban, D. and Kochhar, R., "Barriers to Effective Corporate Governance by Institutional Investors: Implication for Theory and Practice", *European Management*, Vol. 14, No. 5, 1996, pp. 457 – 466.

[168] Richardson, S., "Over – Investment of Free Cash Flow", *Review of Accounting Studies*, Vol. 11, No. 2 – 3, 2006, pp. 159 – 189.

[169] Ross, S. A., "The Economic Theory of Agency: The Principal's Problem", *American Economic Review*, Vol. 63, No. 2, 1973, pp. 134 – 139.

[170] Shleifer, A. and Vishny, R., "Politicians and Firms Quarterly", *Journal of Economics*, Vol. 109, No. 4, 1994, pp. 995 – 1025.

[171] Shleifer, A. and Vishny, R. W., "Large Shareholders and Corporate Control", *Journal of Political Economy*, Vol. 94, No. 3, 1986, pp. 461 – 488.

[172] Shleifer, A. and Vishny, R. W., "A Survey of Corporate Governance", *Journal of Finance*, Vol. 52, No. 2, 1997, pp. 737 – 783.

[173] Shleifer, A., Vishny, R. W., "Management Entrenchment: The Case of Manager – Specific Investments", *Journal of Financial Economics*, Vol. 25, 1989, pp. 123 – 139.

[174] Simon, S. M. H., Kevin, C. K. L. and Heibatollah, S., "The Investment Opportunity Set, Director Ownership, and Corporate Policies: Evidence from an Emerging Market", *Journal of Corporate Finance*, Vol. 10, No. 3, 2004, pp. 383 – 408.

[175] Stein, J., "Efficient Capital Markets, Inefficient Firms: A Model of Myopic Corporate Behavior", *Quarterly Journal of Economics*,

Vol. 104, No. 4, 1989, pp. 655 – 669.

[176] Strong, G. J. and Meyer, J. R., "An Analysis of Shareholder Rights Plans", *Managerial and Decision Economics*, Vol. 11, No. 2, 1990, pp. 73 – 86.

[177] Stulz, R. M., "Managerial Discretion and Optimal Financing Policies", *Journal of Financial Economics*, Vol. 26, No. 1, 1990, pp. 3 – 27.

[178] Tobin, J., "A General Equilibrium Approach to Monetary Theory", *Journal of Money, Credit and Banking*, Vol. 1, No. 1, 1969, pp. 15 – 29.

[179] Vogt, S. C., "The Cash Flow – Investment Relationship: Evidence from U. S. Manufacturing Firms", *Financial Management*, Vol. 23, No. 2, 1994, pp. 3 – 20.

[180] Zhang, Y., Zhou, J. and Zhou, N., "Audit Committee Quality, Auditor Independence, and Internal Control Weaknesses", *Journal of Accounting and Public Policy*, Vol. 26, No. 3, 2007, pp. 300 – 327.

后　记

本书以我的博士学位论文为基础，结合近年来的非效率投资的最新研究成果和研究进展，力图在深入分析非效率投资形成机理的基础上，结合我国实际情况，检验公司治理和内部控制对上市公司非效率投资的影响，寻求抑制非效率投资的有效途径。

博士学位论文写作过程中，从选题、提纲、初稿到定稿都得到了我的博士生导师方红星教授的悉心指导，方老师倾注了大量心血。2010年，我有幸攻读博士学位，三年的博士学习生活中，老师和同学给予了我大量的支持和帮助。学院多年来对我的培养，同学之间的学术交流与探讨，使我不断地加深对研究问题的认识，启发了研究思路，扩大了研究视角，提升了研究的科学性和严谨性。

我要特别感谢我的父母，是你们给了我无限的关怀和无尽的支持，让我充满力量继续奋进。三年的博士生活，我深深地体会到学海无涯，今后的日子里我将更加努力，争取取得更多的成果。

最后，再次衷心地感谢关心我、帮助我的人，谢谢你们！

由于笔者水平和时间有限，书中难免有不当之处，恳请读者批评指正。

金玉娜
2018年5月